Gewidmet dem alten Mann an der Weser

Die Varusschlacht in Augenzeugenberichten

Die wahre Varusschlacht

1. Auflage als Taschenbuch

ISBN:978-3-945202-26-5

Praxis Plus Verlag GmbH
Benndorfstraße 11
07973 Greiz
Tel: 0171 54 22 091
Fax: 0322 2247 9206
E-Mail: praxisgmbh@t-online.de
www.Marktplatz-Verein.de
www.Vereinsbuchladen.de

Vorwort von Publius Cornelius Tacitus

Natürlich war ich sehr überrascht, als mich der mir bis dahin völlig unbekannte Peter Müller, über dubiose Kanäle durch einen gewissen Herrn Toto vermittelt, ein Vorwort zu seinen Ausführungen über den Feldzug des Varus zu schreiben bat.

Bei Durchsicht des Inhalts wurden mir gewisse Sachverhalte klar, die ich zugegebenermaßen in meinen *Annalen* so nicht und damit nicht unbedingt richtig wiedergegeben hatte. Das römische Staatsarchiv, zu dem ich erfreulicherweise Zugang hatte, stützte sich im Wesentlichen auf die Berichte eines gewissen Aulus.

Dieser hatte angegeben, dass er durch überragende Tapferkeit die germanischen Linien durchbrochen habe und seine Aufzeichnungen habe retten können. Später beichtete er einer Geliebten, dass er sich, gefangen genommen, als linksrheinischer Germane ausgegeben und seine Freiheit dadurch erkauft habe, dass er zum Beweis drei ehemalige Kameraden enthauptet habe. Die Geliebte liebte ihr Vaterland mehr als den Aulus. Folglich wurde er aufgrund ihrer Aussage den Löwen vorgeworfen. Diesen soll danach schlecht geworden sein.

Zurück zu den Ausführungen. Über den genauen Standort des Sommerlagers waren auch wir nicht exakt informiert, sodass ich dankbar für die Aufklärung bin. Unzureichend aufgeklärt wurden wir über die Person des Arminius. Da hätte Herr Müller tiefgehender fragen müssen.

Entsetzt bin ich hingegen über den beschriebenen liederlichen Lebenswandel der Germanen, deren Moralvorstellungen sich offensichtlich nur wenig von denen des dekadenten Roms unterschieden, nur eben auf andere Art ausgelebt. Mit Entschiedenheit weise ich jedoch die Unterstellungen zurück, meine Frau hätte besonderer Ermahnungen bedurft, was ihre eheliche Treue anbelangte.

Die Ausführungen zu Varus decken sich mit meinen Erkenntnissen. Ich kann ihm keine Träne nachweinen und halte seinen Tod für gerecht, insbesondere die Umstände seines Todes.

Dass Cicero es zum Legaten bringen würde, hätte in Rom sicher niemand für möglich gehalten. Aber das war die Stärke Roms: nicht nur nach Herkunft, sondern auch nach Leistung zu befördern.

Abschließend möchte ich den Beteiligten danken, dass sie endlich Licht in das Dunkel der Varusschlacht bringen konnten. Der Dank gilt auch einer gewissen „Kröte“, die offensichtlich die Aufzeichnungen davor bewahrt hat, in falsche Hände zu geraten.

Die Rätsel der Varusschlacht sind damit abschließend gelöst.

Publius Cornelius Tacitus

Inhaltsverzeichnis

Pitt und seine Freunde

Früher war Peter Müller einmal Boxer gewesen – recht erfolgreich. Er hatte auch die eine oder andere Mark mit seinem Sport verdienen können. Dann hatte ihm ein Gegner die Nase schief geschlagen, woraufhin seine Freundin ihn verließ. Jedenfalls schob er dies auf seine schiefe Nase.

Die Trennung verlief durchaus dramatisch. Neben seiner schiefen Nase hatte seine Freundin womöglich doch etwas von Peters kleinem Abenteuer mit ihrer Nichte mitbekommen. Jedenfalls wies sie ihn nackend, wie er war, aus der Wohnung und – das muss fairerweise gesagt werden – warf ihm seine Bekleidung hinterher.

Allerdings war sie wohl sehr aufgeregt gewesen, denn es fehlten seine Schuhe und seine Jeans, in denen sein Wohnungsschlüssel steckte. Er lief also in schwarzen Socken ohne Hose zu seiner Wohnung. Einige Passanten sahen ihn, aber da gerade die tollen Tage Köln erobert hatten, nahm man keine Notiz von ihm.

Anders jedoch seine Wohnungsnachbarin, bei der er klingeln musste. Bei ihr hatte er einen Ersatzschlüssel für seine Wohnung deponiert. Als die Nachbarin Pitt so sah, dachte sie nicht mehr an den Schlüssel, sondern verlangte Pitt allerhöchste Dankbarkeit dafür ab, dass sie ihn so spät noch in die Wohnung ließ.

Am nächsten Morgen wankte Pitt mit Schlüssel, aber immer noch ohne Hose, in seine Wohnung. Er schwor, sich bei diesem Hobby ab sofort zurückzuhalten, sich mehr um seine berufliche Zukunft zu kümmern – und beim nächsten Mal lieber den Schlüsseldienst zu rufen.

Da er sein Pädagogikstudium frühzeitig an den Nagel gehängt hatte, blieb ihm nur ein Beruf, in dem man auch ohne gründliche Vorkenntnisse und Diplom etwas werden konnte. Politiker zu sein, war ihm zu anstrengend, also wurde er Journalist beim *Kölner Journal*.

Wider Erwarten lag ihm der Beruf. Zuerst für den Regionalsport zuständig, war er jetzt Chefreporter für Wirtschaft und Politik. Der Beruf machte ihm Spaß, die Vorgesetzten nicht. So gab es immer wieder Differenzen, Ärger, Frust und all die Dinge, die Voraussetzung sind, um beim Italiener um die Ecke Stammgast zu werden.

Sein italienisches Restaurant hieß *Da Varus* und hatte, Gott sei Dank, eine grottenschlechte Küche. Dies führte dazu, dass sein Stammplatz in der Ecke selten besetzt war, er in Ruhe seinen Wein trinken konnte, bevorzugt Riesling von der Mosel, dazu in nicht zu langen Abständen einen Obstler, bevorzugt Marille.

Diese Getränke brachte er immer von seinen Urlaubsreisen mit, verkaufte sie dem Wirt zum Einkaufspreis und bezahlte sie dann zum Normalpreis. Das führte zu einer tiefen Freundschaft, sodass man sich beim Vornamen Pitt und Toto nannte. Der Dritte im Bunde war, wie Toto zu sagen pflegte, sein Quasi-Kellner. Diese Bezeichnung verdankte sich der Tatsache, dass er nur so tat, als würde er kellnern, und dass er eher als sein eigener Gast auffiel. Er nannte sich Gérard und sprach mit französischem Dialekt, den er dann noch mit französischen Vokabeln durchsetzte. Dabei kam er, wie Toto meinte, aus der Lüneburger Heide.

Toto war sehr geschichtsinteressiert, insbesondere römisch-germanischen Geschichte der Epoche des Kaisers Augustus hatte es ihm angetan. Auch war er ein glühender Anhänger des so kläglich gescheiterten Publius Quinctilius Varus. Nach seiner festen Überzeugung hätte die Varusschlacht gewonnen werden können, wenn Lucius Nonius Asprenas seinem Onkel zu Hilfe gekommen wäre. Den einzigen Fehler des Varus sah er darin, dem Verräter Arminius zu sehr vertraut zu haben.

Auch beklagte er die noch immer spürbare kulturelle Rückständigkeit der Germanen. Dies sehe man noch heute beim Vergleich des linksrheinischen Köln mit dem rechtsrheinischen Düsseldorf.

Dieses eine Mal widersprach ihm sein Pseudokellner Gerard und offenbarte dadurch, dass er eben nicht aus dem linksrheinischen Elsass, sondern aus der eindeutig rechtsrheinischen Lüneburger Heide stammte.

Nach einer langen und doch fruchtlosen Diskussion über die tatsächlichen oder vermeintlichen Vorgänge bei der Varusschlacht einigte man sich darauf, zunächst einmal die zweifelsfrei belegten Fakten festzuhalten. Pitt wurde gebeten zu recherchieren.

Pitt Müller fasste seine Recherchen hierzu zusammen:

Alle Beschreibungen und Erwähnungen der Varusschlacht und ihrer Folgen zeichneten, meinte Pitt, die Ereignisse aus römischer Sicht. Leider fehlten Beschreibungen aus germanischer Perspektive, da die

Germanen keine schriftlichen Überlieferungen hinterlassen hätten. Außerdem sei zu bedenken, dass die Historiker die Varusschlacht aus zweiter Hand und unter Verwendung älterer Beschreibungen von ganz unterschiedlicher und nicht mehr nachprüfbarer Qualität berichteten.

Der wichtigste Autor war nach Pitts Meinung Publius Cornelius Tacitus. Geboren um 55 n. Chr. als Sohn einer vornehmen Familie, sei sein genaues Todesdatum unbekannt.

Er habe u. a. die *Germania* verfasst, einer Beschreibung des Landes und der dort lebenden Menschen, und sei dabei auch auf die Varusschlacht eingegangen.

Fast ebenso bedeutend sei Cassius Dio Cocceianus. Geboren um 150 n. Chr., habe Cassius Dio Cocceianus in seiner Heimatstadt Nikaia in Bithynien (Kleinasien) wie schon zuvor sein Vater hohe öffentliche Ämter bekleidet. Die in Griechisch geschriebene *Römische Geschichte* in 80 Bänden sei nur zum Teil erhalten geblieben. Aber auch er weise auf die Varusschlacht hin.

Eine wichtige Quelle sei auch Titus Livius mit seinem Werk *Römische Geschichte*.

Fest stehe, dass Varus Statthalter des Kaisers Augustus für Germanien gewesen sei – und zwar nicht nur für das linksrheinische, sondern auch für das nach Ansicht der Römer zum römischen Weltreich gehörende rechtsrheinische Germanien.

Pitts Vortrag wurde unterbrochen durch eine Gruppe englischer Touristen. Gerard vermochte auch sein Englisch mit französischem

Akzent zu sprechen. Sein Hinweis auf das leider ausverkaufte Bier führte dazu, dass die Gruppe fluchtartig das Lokal verließ.

Pitt fuhr fort: Relativ sicher sei, dass Varus ein Sommerlager bezogen habe. Die Existenz des Weserlagers werde allein durch Cassius Dios Zitat: (Cass. 56. 18) „... und lockten ihn so weit vom Rhein weg in das Gebiet der Cherusker und zur Weser" begründet. Man wisse jedoch nicht, wo dies gewesen sei.

Hieraus entwickelte sich eine hitzige Diskussion, da Gerard das Lager in der Lüneburger Heide verorten wollte. Das mit der Weser könne man vernachlässigen: „Schließlich sieht ein Fluss wie der andere aus." Als aus seiner Sicht stichhaltiges Argument brachte er vor, dass es dort viele dunkelhaarige Menschen gäbe, die aus seiner Sicht zweifelsfrei von den Römer abstammen müssten.

Eine Einigung konnte nicht erzielt werden, sodass man sich vertagte.

Pitts Chefredakteur mahnte Arbeitsergebnisse an, doch Pit verwies auf wichtige Recherchen zu einer Angelegenheit, die überaus bedeutsam für Deutschland sei. Näheres dürfe er zum derzeitigen Zeitpunkt nicht verraten.

Am zweiten Abend dozierte Pitt im *Da Varus* über seine Recherchen zum Ort der Schlacht vor immerhin zwei Zuhörern.

In der Varusschlacht in der zweiten Hälfte des Jahres 9 n. Chr., von römischen Schriftstellern als Clades Variana – „Varusniederlage" – bezeichnet, hätten drei römische Legionen samt Hilfstruppen und Tross unter Publius Quinctilius Varus in Germanien eine vernichtende Niederlage gegen ein germanisches Heer unter

Führung des Arminius, eines Fürsten der Cherusker, erlitten. Sie hätten sich auf dem Rückweg aus dem Sommerlager in Richtung Rhein, wahrscheinlich nach Xanten oder, als „Verladestation“, nach Haltern am See befunden.

Die Schlacht, in der ein Achtel des Gesamtheeres im Römischen Reich vernichtet worden sei, habe das Ende der römischen Bemühungen eingeleitet, die rechtsrheinischen Gebiete Germaniens bis zum Fluvius Albis (Elbe) zu einer Provinz des Römischen Reiches zu machen. Sie gehöre daher zu den wichtigsten Ereignissen in der Geschichte der Römer in Germanien.

Als Ort der Schlacht ... und wieder wurden sie von einer Gruppe diesmal italienischer Touristen gestört. Aber bevor Gerard eingreifen konnte, stürzte sich einer der Gäste auf Toto und umarmte und herzte ihn. „Was machst du denn hier?“, wurde Toto gefragt. Seine Antwort „Dies ist mein Lokal, ich koche hier“ ließ die Stimmung gefrieren. „Also wir müssen doch noch weiter, ich ruf dich an!“ Und schon waren alle draußen.

Pitt konnte fortfahren: Als Ort der Schlacht würden verschiedene Stätten in Ostwestfalen, Norddeutschland und in den Niederlanden vermutet. Seit Ende der 1980er-Jahre gäbe es archäologische Ausgrabungen in der Fundregion Kalkriese am Wiehengebirge im Osnabrücker Land durchgeführt, die den Ort bereits zu einem Favoriten in der Diskussion als Ort der Varusschlacht gemacht hätten. In jüngsten Beiträgen würden jedoch wieder verstärkt Zweifel an der Auffassung geäußert, ein Teil der Schlacht habe in Kalkriese stattgefunden. Das Hermannsdenkmal bei Detmold im

Teutoburger Wald erinnere an die Varusschlacht, sei jedoch kein Indiz für den Ort der Schlacht.

Gerard fragte sehr eindringlich, ob Pitt auch etwas über die sprichwörtlichen römischen Orgien habe in Erfahrung bringen können. Pitt verwies auf die zahlreichen bildlichen Darstellungen sowohl in Pompeji als auch an anderen historischen Stätten. Er habe jedoch bei Titus Livius etwas über einen „Bacchus-Kult oder -Orden" zur Zeit des Kaisers Augustus gefunden. Zitat Livius (*Römische Geschichte* 39, 140, 8):

„Ein gemeiner Grieche leitete einen geheimen und nächtlichen Gottesdienst. Um mehr Gäste anzulocken, wurden die Reize des Weins und des Mahles mit dem Gottesdienst in Verbindung gebracht. Wenn der Wein die Besinnung, wenn die Nacht und das Gemisch aus Männern und Weibern, des zarteren Alters mit bejahrteren jede schamhafte Entfernung vernichtet hatte, so führte dies zuerst zu Sünden der Unzucht aller Art. Da sich jeder den Genuss dessen, wozu er sich am stärksten gelüstet fühlte, geboten sah: Allein die Entehrung des eigenen und des anderen Geschlechts an freigeborenen Knaben und Weibern blieben nicht die einzige Art der Verbrechen."

Eben wegen der dort verübten Verbrechen, so Pitt, sei der Orden von der römischen Justiz aufgelöst worden.

Am dritten Abend des „römisch-germanischen Workshops" mit Pitt, Toto und Gerard berichtete Pitt, was er über den Verlauf der Schlacht in Erfahrung gebracht hatte:

Historiker vermuteten, dass „der letzte Marsch des Varus offenbar der Rückmarsch aus dem Sommer- in das Winterlager“ war. Als Jahreszeit werde allgemein der Spätsommer oder Herbst angenommen.

Der ausführlichste Bericht über die Schlacht stamme, so Pitt, vom römischen Historiker Cassius Dio, abgefasst rund 190 Jahre nach dem Ereignis. Die althistorische Forschung gehe von der Zuverlässigkeit der Angaben Dios aus. In seinem Bericht (*Römische Geschichte* 56, 20–22) heiße es:

„Denn das Gebirge war voller Schluchten und Unebenheiten, und die Bäume standen so dicht und waren so übergroß, dass die Römer auch schon ehe die Feinde über sie herfielen, sich, wo nötig, abmühten, die Bäume zu fällen, Wege zu bahnen und Dämme zu bauen.

Und wenn dazu noch Regen und Sturm kam, zerstreuten sie sich noch weiter. Der Boden aber, schlüpfrig geworden um die Wurzeln und Baumstümpfe, machte sie ganz unsicher beim Gehen, und die Kronen der Bäume, abgebrochen und herabgestürzt, brachten sie in Verwirrung.“

Wieder kam es zu einer touristischen Unterbrechung: In tiefblaue Anzüge gezwängte Versicherungsvertreter wollten den Abend nach einer anstrengenden Tagung ausklingen lassen. Irgendein offensichtlich bösartiger Mensch hatte ihnen das *Da Varus* empfohlen.

Sie ließen sich auch von Gerard nicht abwimmeln, der mit seiner üblichen Taktik aufgezählt hatte, was alles „aus“ sei. „Bringen Sie uns, was Sie haben, das Kölsch holen wir aus dem Supermarkt." Gerard war verzweifelt, Pitt war verärgert, hatte er doch die ganze Nacht hindurch an diesem Thema gearbeitet.

Da griff Toto ein: „Meine Herren, natürlich sind Sie uns herzlich willkommen. Alle Ihre Wünsche werden erfüllt. Jedoch", er machte ein Gesicht wie ein Bestattungsunternehmer, „haben wir gerade eine Steuerprüfung, und der Prüfer", dabei deutete er auf Pitt, „möchte gern Ihre Namen, Adressen und Steuernummern notieren. Damit sind Sie doch sicher einverstanden."

Schon bei dem Wort „Steuerprüfung" verließen die ersten des hoffnungsvollen Versicherungsvertreternachwuchses fluchtartig das Lokal. „Dieser Staat ist nicht zu retten, wenn man nicht einmal mehr beim Italiener sicher ist!"

Die drei Geschichtsforscher tranken zusammen die eine oder andere Flasche Wein und die wunderbare Marille und verabredeten sich auf den nächsten Tag. Dieser sollte eine überraschende Wendung bringen.

Am nächsten Morgen rief Toto aufgeregt Pitt an: „Pitt, du musst mir helfen. Für heute Mittag hat sich ein echter Steuerprüfer angesagt. Und ein leeres Lokal passt nicht zu meinen Umsätzen. Lade doch bitte deine Redaktion für heute Abend ein. Sie sollen reichlich essen und trinken. Dir Rechnungen müssen zunächst bezahlt werden. Natürlich wird alles von mir bar erstattet."

Pitt war etwas mulmig. Als Geldwäscher fühlte er sich nicht wohl. Aber Toto war sein Freund. Mit der Erstattung dauerte es. Die letzten Rechnungen zahlte Pitt aus seiner Tasche.

Am vierten Abend konnte Pitt endlich seine Schilderungen forstsetzen und zitierte die römischen Geschichtsschreiber Cassius Dio (*Römische Geschichte* 56, 20–22):

„Die Germanen umstellten sie plötzlich von überall her gleichzeitig durch das Dickicht hindurch, da sie ja die Pfade kannten, und zwar schossen sie zuerst von fern, dann aber, als sich keiner wehrte, doch viele verwundet wurden, gingen sie auf sie los.

Es war unmöglich, erstens in irgendeiner Ordnung zu marschieren, und zweitens konnten sie sich auch nur schwer zusammenscharen und waren Schar für Schar immer weniger als die Angreifer.

Daher schlossen sie die Römer mühelos ein und machten sie nieder, so dass Varus und die Angesehensten aus Furcht, gefangen genommen oder getötet zu werden – denn verwundet waren sie schon – sich zu einer furchtbaren, aber notwendigen Tat entschlossen. Sie töteten sich selbst.

Als dies bekannt wurde, wehrte sich auch keiner mehr, auch wenn er noch kräftig war, sondern die einen taten es ihrem Anführer nach, die anderen warfen die Waffen weg und überließen sich dem, der sie töten wollte. Denn fliehen konnte keiner, wenn er es auch noch so gerne wollte.

Die Schlacht dauerte vier Tage."

Endlose Diskussionen, keine Lösung. „Verdammt“, sagte Pitt, „irgendjemand muss doch überlebt und genaueres aufgezeichnet haben! Den müssen wir finden.“

Sturz

An diesem Abend hatte Pitt großes Glück. Direkt vor seinem Stammlokal hatte es wegen eines Tunnelbaus durch einen Erdrutsch ein Riesenloch gegeben. Einige Gebäude waren in dieses Loch gestürzt, aber nicht das *Da Varus*.

Es war über einen gesicherten Steg immer noch zu erreichen. Weil es wieder einmal eine dieser Auseinandersetzungen in der Redaktion gegeben hatte, blieb er bis nach Mitternacht, trank und unterhielt sich mit dem Wirt und dem Kellner über die aktuelle Politik – aber natürlich, siehe oben, auch über die römische und germanische Geschichte.

An diesem Abend – oder war es schon Morgen? – gelang es Pitt, wie auch immer, die Absicherung des Erdrutsches zu überwinden, und er glitt den Erdrutschabhang unsanft hinunter. Ein kurzer Schmerz, aber dann war alles gut.

Er wollte sich gerade aufrichten, als er zu seinem Entsetzen gegenüber – zum Teil verschüttet, jedoch deutlich erkennbar – zwei Skelette entdeckte. Im nächsten Moment wurden sie zu normalen Menschen, die sprechen und sich im Rahmen ihrer eingeschränkten Möglichkeiten auch bewegen konnten: Ein schwarzhaarige Mann, schon leicht ergraut, und ein blonder, der nicht mehr die volle Haarpracht trug.

Der Blonde musterte ihn kritisch und fragte: „Na hallo, wer bist du denn?“

„Ich bin der Peter, genannt Pitt Müller, Chefreporter vom *Kölner Journal*."

„Und was machst du hier unten?"

„Milieustudien! Nein, im Ernst, habe nach Diskussionen mit dem Chefredakteur meinen Job verloren und dieses Ereignis gebührend bei meinem Stammitaliener gefeiert. Und dann bin ich irgendwie in diese Grube gefallen."

Überrascht fragte der Blonde: „Dann ist da oben wohl immer noch eine Kneipe."

„Ja, warum?"

„Das kommt später."

Der Dunkelhaarige meinte: „Journalist, das ist interessant. Was willst du denn jetzt machen?"

„Weitertrinken, jedenfalls sobald ich aus dieser Grube herauskommen und solange das Geld reicht."

„Ich habe da eine Idee. Wie lange ist Imperator Augustus schon tot?"

„Wer?"

„Na, Kaiser Augustus."

„Kaiser Wilhelm? So etwa 70 Jahre."

„Nein, Caesar Augustus, der römische Imperator."

„Ach so, der mit der Volkszählung?“

„Genau der!“

„Das ist einfach, etwa 2000 Jahre.“

„Oh, das ging aber schnell!“

„Wie, schnell?“

„Na ja, von damals bis jetzt. Und nun zu meiner Idee: Was weiß man hier über die Varusschlacht?“

„Eigentlich wenig, es hat ja kaum einer überlebt.“

„Zwei schon.“

„Wieso?“

„Gleich. Möchten Sie die Story Ihres Lebens haben?“

„Wie soll die denn heißen?“

„Die Varusschlacht in Augenzeugenberichten.“

„Und die Augenzeugen sind Sie? Sehr komisch!“

„Ja!“

Die beiden lächelten ihn so sicher an, dass er ahnte, das könnte was werden.

„Also los dann. Aber Sie müssen mir jetzt auch einmal sagen, wie ich Sie anreden kann.“

„Ich bin Gerd“, sagte der Blonde.

„Und ich bin Titus“, meinte der Dunkelhaarige.

„Egal, es kann losgehen.“

„Sie haben uns noch nicht ganz verstanden“, klärte Titus Pitt auf. „Es geht um einen Deal. Käse umsonst gibt es nur in der Mausefalle.“

Doch dagegen wehrte sich Pitt entschieden: „Damit Sie es wissen: Geld hab ich keins. Und wenn ich welches hätte, würde ich es lieber versaufen.“

„Wenn Sie den Deal mit uns abschließen, verdienen Sie so viel Geld, dass Sie jeden Tag in Wein baden können. Wir erzählen die Geschichte, und Sie bringen unsere Knochen an einen Ort, den wir Ihnen nennen, und begraben uns dort“, erklärte Titus.

„An den Nordpol – oder wie?“

„Die Erde ist doch eine Scheibe. Sie bringen uns dorthin, wo das Sommerlager des Varus war, und holen unterwegs noch ein weiteres Skelett ab und bringen es ebenfalls dorthin. Am Ufer der Weser gibt es einen wunderschönen Platz, der eine Geschichte hat, die für uns sehr wichtig ist. Dort begraben Sie dann uns drei.“

Wer ist wer?

Sollte er sich wirklich darauf einlassen? Warum eigentlich nicht? Zwar hatte er noch nie Bestatter werden wollen, aber in diesem besonderen Fall könnte er schon einmal eine Ausnahme machen. Immerhin würde sich nie wieder solch eine Gelegenheit ergeben, mit Zeitzeugen der Varusschlacht sprechen zu können. Er willigte also ein.

„Das geht", sagte Pitt. „Also es kann losgehen." Von diesem Augenblick an sog er jedes Wort, jeden Satz, jeden Zwischenton in sich auf. Gut, dass sein Diktiergerät, das er immer bei sich trug, den Sturz unbeschadet überstanden hatte! Er schloss ein Micro an, um die Gespräche aufzunehmen.

„Also, wir fangen am besten so an, dass Sie mir erzählen, wie Sie zu Ihren Erkenntnissen gekommen sind. Welche Funktion hatten Sie?"

„Erst du!", ließ Titus Gerd den Vortritt.

„Nein, erst du!"

„Na gut. Ich war schon mit Varus in Syrien. Ein armes Land, jedenfalls nachdem wir dort waren. Und als wir hörten, dass unser nächster Einsatz Germanien sichern sollte, waren wir zunächst zumindest nicht sonderlich begeistert", begann Titus.

„Warum das denn?", wollte Pitt wissen.

„Kalt, regnerisch, schlechtes Essen, die Menschen rauflustig und meistens betrunken", erklärte Titus.

„Die Beschreibung könnte stimmen. War's denn dann auch so?"

„Grundsätzlich ja. Aber man hatte etwas vergessen."

„Na?"

„Die Frauen!", seufzte Titus tief.

„Beruhige dich!", mahnte Gerd.

„Du musst gerade reden!", ereiferte sich Titus.

Pitt rief die beiden zur Ordnung: „Mal wieder zur Sache. Wie nahe waren Sie denn dran am Varus? Können Sie authentisch über diesen Mann berichten?"

„Ich war sein engster Vertrauter", sagte Titus.

„In welcher Funktion?"

„Ich habe ihn bekocht."

„Dass der das so lange überlebt hat!", stichelte Gerd.

„Nicht der, sondern ich! Meinen Vorgänger hat er ans Kreuz schlagen lassen, weil der ihm angeblich verdorbene Austern vorgesetzt hatte", erwiderte Titus.

„Waren die denn verdorben?", wollte Pitt wissen.

„Das weiß ich nicht, jedenfalls ist Varus drei Tagen nicht von der Latrine gekommen."

„Und dann hatte er Sie als Koch angestellt. Auf Empfehlung?“, fragte Pitt weiter.

„Ganz und gar nicht. Ich war der Latrinenbeauftragte für die Offizierslatrinen. Und als Varus hereinkam mit seinem gelbgrünen Gesicht, wusste ich sofort, was zu tun war. Ich schob ihn in eine Ecke der Latrine und schottete sie mit einem Vorhang vor den anderen ab. Sie wissen vielleicht, wir Römer verrichten unser Geschäft gern in einer langen Reihe, um uns dabei über Geschäfte zu unterhalten. Ich brachte ihm zuerst neue Kleider, sein Schließmuskel hatte schon vorher versagt. Da er drei Tage lang nicht aus seiner Ecke herauskam, versuchte ich ihn mit selbst gekochten Süppchen und mit gut gesalzener Pasta am Leben zu halten. Der Mann war ja nur noch Haut und Knochen.“

„Und dann hat er sie zu seinem Leibkoch gemacht. Konnten Sie denn überhaupt kochen?“

„Jeder Römer kann kochen“, behauptete Titus vollmundig.

„Na ja“, zweifelte Pitt, an Toto denkend. „Und die Aussicht, am Kreuz zu enden, hat Sie nicht zurückgehalten?“

„Überlegt habe ich schon. Aber vom Latrinenbeauftragten zum Chefkoch des Varus aufsteigen zu können: Für diese Chance nimmt man schon die Aussicht auf den einen oder anderen Nagel in Kauf.“

Pitt wandte sich Gerd zu: „Und nun zu Ihnen.“

„Wenn Sie den reden lassen, hört der in drei Tagen nicht auf“, warnte Titus.

„Besser, als die Zähne nur beim Trinken auseinanderzubekommen", konterte Gerd.

„Also, Gerd, wie kamen Sie zu Varus?"

„Zu Varus kam ich gar nicht, sondern zu Arminius."

„Also, wie kamen Sie zu Arminius?"

„Mein Vater war Sippenältester eines größeren Sippenverbandes bei den Chatten."

„Was war denn eine Sippe oder ein Sippenältester?"

„In Germanien gehörte jeder irgendwie zu einer Sippe. Mein Vater als der Sippenälteste war verantwortlich dafür, Leben und Eigentum aller Sippenmitglieder, auch der Knechte und Sklaven, zu schützen. Bei Verbrechen gegen Sippenmitglieder befahl er Rache oder handelte Entschädigungen aus. Jeder musste nach seinen Möglichkeiten die Sippe unterstützen, und wenn er krank oder alt war, wurde er unterstützt.

Die Sippe umschloss nicht nur die Ehepartner, ihre Kinder und die nächsten Verwandten, sondern sämtliche Blutsverwandten oder angeheirateten Verwandten. Mein Vater hatte dafür zu sorgen, dass es zwischen Verwandten keinen Streit gab. Alles, was den Zusammenhalt gefährdet hätte, musste vermieden werden. Kam es trotz aller Schlichtungsversuche zu einem zersetzenden Streit, konnte die Sippe im äußersten Fall eines ihrer Mitglieder verstoßen."

„Und wie wurde man Sippenältester?" Pitt wollte es genau wissen.

„Mein Vater sagte immer: Durch allgemeines Gegrummel. Nach dem Tot des Vorgängers wollte es keiner so richtig machen. Da mein Vater sich mit den Römern auskannte und man mit diesen immer häufiger zu tun hatte, ‚grummelte' es aus der Versammlung: ‚Mach du das doch.' Weil sich mein Vater nicht entschieden genug wehrte, hatte er das Amt. Bestätigt wurde die Wahl durch heftiges Klopfen der Versammlungsteilnehmer auf ihre Schilde."

„Dann war Ihr Vater so eine Art ‚Clan-Chef'."

„Nennt man das heute so? Na gut, ich gewöhne mich dran. Er mochte die Römer nicht, beneidete sie aber um ihre Lebensart, ihre Bildung. Und damit ich es dereinst besser hätte als er, hat er mich für drei Jahre nach Köln zu einer befreundeten römischen Familie geschickt, um die Sprache und Sitten und Gebräuche kennenzulernen."

„Mit Römern befreundet?" Pitt wunderte sich.

„Mein Vater war bis zu seiner Verwundung römischer Soldat gewesen. Aus dieser Zeit kannte er auch den Arminius."

„Mach's mal kürzer, der Pitt schläft ja gleich ein!" Titus war genervt.

„Na gut. Wie gesagt, Arminius kannte meinen Vater. Als er hörte, dass ich aus Köln zurück sei, wurde ich gebeten, ihm bei der Vorbereitung des Sommerlagers des Varus zu helfen. Gegebenenfalls sollte ich als Dolmetscher zur Verfügung stehen. Vielleicht wollte er auch nur jemanden um sich haben, der die römische Lebensart kannte und sich in der Sprache der Römer unterhalten konnte."

Das Römische Reich und die von Varus verwaltete Provinz Germanien

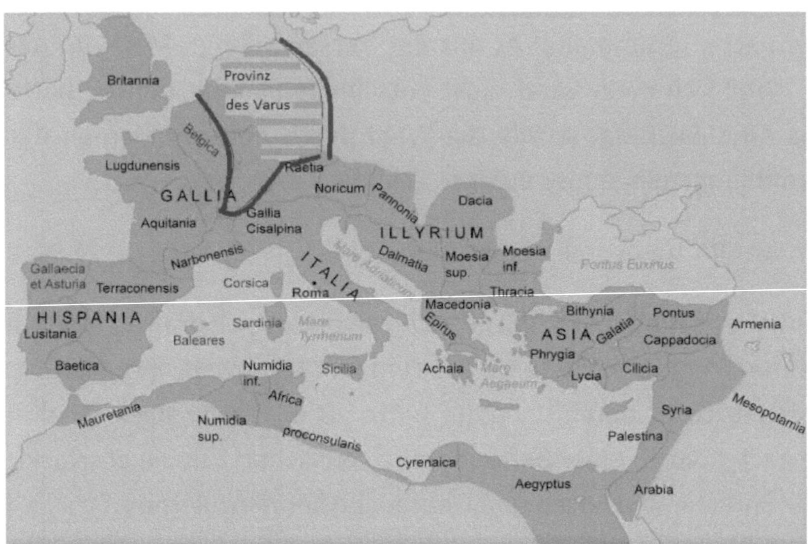

Germanien mit dem Statthalter Varus: Linksrheinisch bereits voll in das Römische Reich integriert. Rechtsrheinisch Verbündete aber auch Gegner.

Die Vorbereitung des Sommerlagers

Dass Gerd sich gern reden hörte, merkte Pitt natürlich; aber solch kleine Eigenheiten musste er ihm schon zubilligen. In der Eitelkeit unterschieden sich die alten Germanen und Römer offenbar nicht von heutigen Zeitgenossen, die Pitt kannte.

„Warum wollte der Varus denn unbedingt ein Sommerlager in Germanien aufschlagen?“, wollte Pitt wissen.

„Das kann der Titus besser beurteilen“, meinte Gerd.

„Varus war in Syrien reich geworden und hoffte, in einer ähnlich reichen Kolonie einen neuen Auftrag zu bekommen. Dann kam Germanien. Es gab dort offensichtlich nichts zu holen außer Tierfellen, Honig und Pferden. Dann brachte ihn ein Händler auf die Idee, doch Bernstein als Steuer einzufordern. Das war leicht zu transportieren und zudem sehr wertvoll. Zudem musste man es nicht erst durch Tauschhandel zu Geld machen wie Kühe oder Sklaven. Varus war sofort begeistert. Ich musste den besten Wein einschenken – und ich durfte bzw. musste auch noch mittrinken. Ich hatte drei Tage lang Kopfschmerzen, Varus aber fehlte nichts.

Er ließ also sofort seine Steuereintreiber los, die jedem germanischen Stamm aufgaben, wie viel Bernstein bis wann zu liefern sei. Die Resonanz war gleich null. Also wollte er der ganzen Sache mehr Nachdruck verleihen und meinte, das am besten mit einem Sommerlager zu erreichen. 18 000 Legionäre würden bei den Germanen schon Eindruck machen."

„Und dann ging's also nach Hameln in das Sommerlager?", fragte Pitt.

„Von Hameln war nie die Rede", korrigierte Gerd. „Varus bat Arminius zu sich, um den besten Standort für ein Sommerlager auszusuchen. Arminius bat mich, ihn als Delegationsbetreuer nach Xanten zu begleiten."

„War Arminius zu dieser Zeit noch in römischen Diensten?"

„Nein, er war zwar römischer Bürger und Ritter des Kaisers. Aber Arminius hatte keine militärische Funktion mehr", erklärte Gerd.

„Welche Funktion übte er denn damals aus, dass Varus ausgerechnet ihn zu diesen Konsultationen eingeladen hatte?“.

„Er war von den Clan-Chefs der Cherusker zu ihrem Fürsten gewählt worden. Fürst eines ganzen Stammes zu sein, das war in Germanien selten. Sonst wählte man sich nur in Kriegszeiten einen Herzog. Das war dann der militärische Oberbefehlshaber. In Friedenszeiten gab es solch eine Funktion aber sonst nicht.“

Gerd wechselte plötzlich seine Miene, schüttelte bedauernd den Schädel und hob die Schulterknochen; Titus grinste ihn wissend an.

„Obwohl wir uns sehr beeilt hatten, kamen wir zu spät in Xanten an. Die Feiern der Saturnalien, von denen Arminius geschwärmt hatte, waren leider schon vorbei. Titus hat mir dann später erzählt, was wir alles versäumt hatten.“

„Titus, haben Sie Lust, mir von diesen Feiern zu erzählen? Wenn man Gerd so ansieht, muss es ja etwas ganz Tolles gewesen sein“, bat Pitt.

„Immer wieder gern.“

Die Feiern der Saturnalien

Und wie Titus wollte! In Erinnerungen schwelgend, die Augenhöhlen in die Ferne gerichtet, erzählte er dem wissbegierigen Pitt, woran er sich noch erinnern konnte.

„Immer wenn der Winter seine Zeit überschritten hatte, wurde zu Ehren des Gottes Saturn eine Feier gegeben, in der ausgelassene Freude herrschen sollte. Im Laufe der Zeit wurde aus der ausgelassenen Freude eine hemmungslose Orgie, wenn auch zunächst der Anschein einer organisierten Feier erweckt werden sollte. Kennzeichnend für diese Feierlichkeiten war, dass die Sklaven von ihren Herren bewirtet wurden und sich auch sonst einige Freiheiten herausnehmen durften.

Varus hatte die Feier wegen des bevorstehenden Heerzuges nach Germanien ausfallen lassen wollen, zumal er diese Art der Disziplinlosigkeit für ausgesprochen geschmacklos hielt. Er trank bei dieser Feier entgegen seiner sonstigen Gewohnheit kaum Alkohol und hatte daher nur einen begrenzten Vorrat an Humor", berichtete Titus.

Pitt konnte sich ein Lächeln nicht verkneifen, und Gerd schaute auf seine Fingerknochen. Wenn sich hier einer gern reden hörte, dann doch wohl Titus! Aber bitte sehr – sie beide wurden ja selten in eine längere Unterhaltung verwickelt, zumal mit Lebenden. Gönnte er ihm halt die Freude.

„Dieses defensive Verhalten verdankte sich einer Erfahrung in der Vergangenheit. Als Varus noch Legat der XIX. Legion gewesen war, hatten ihm seine Kollegen einen Streich gespielt. Die Legaten der damals vier in Syrien lagernden Legionen waren, hinterhältig abgesprochen, von der *Königin der Nacht* auf die Bühne gebeten worden, um laut zu versichern, dass sie jeden Spaß mitmachen würden. Varus zögerte, aber die anderen drängten ihn. Die Königin der Nacht band ihnen unter dem Gejohle der Menge die Hände auf den Rücken zusammen und entkleidete die vier bis auf einen Schurz.

Zur Überraschung des Varus wurde dann ein Los gezogen, und Varus gewann. Die anderen drei konnten grinsend zu ihren Plätzen zurückkehren, und Varus blieb allein mit der *Königin* auf der Bühne. Diese entkleidete ihn nun völlig und rieb ihn mit einer schwarzen Farbe ein. Er hatte zu seiner Befreiung ein Lied singen müssen und war dann in einem Zuber von Damen der Gesellschaft ‚freiwillig' gesäubert worden.

Seine hinterhältigen Kollegen hatten später einen schweren Stand. Als Varus Statthalter wurde, wurden diese aus dem Militärdienst entlassen. Aber die Geschichte war nun in der Welt", beendete Titus diese Episode.

Doch eines musste Titus noch erwähnen; er hatte mitbekommen, dass Pitt pikante Details liebte.

„Für seine Ehefrau Claudia Pulchra, eine Großnichte des Kaisers, war dies kein Grund, die Feier abzusagen. Dies war der Höhepunkt des ganzen grauen germanischen Jahres. Sie bestand darauf, dieses Fest – wie jedes Jahr – zu organisieren. Varus war zwar Statthalter in Germanien, aber einer Großnichte des Kaisers, die zudem noch seine Ehefrau war, konnte er unmöglich widersprechen.

Die Feier begann. Die *Königin der Nacht*, eine wunderschöne und erfreulicherweise nur leicht bekleidete junge Sklavin mit dem Namen Lucretia, wurde auf einer Sänfte von vier muskulösen Gladiatoren in den Festsaal getragen. Diese hatten sich als griechische Ringer verkleidet – bis auf einen Lorbeerkranz auf dem Kopf und eine dicke Schicht glänzenden Öls auf der Haut waren sie nackt.

Hinter ihnen folgten der *König der Nacht* mit einem Purpurmantel sowie seine zehn Mann starke, in Fantasieuniformen gesteckte Leibwache. Diese war für diese Nacht die ‚Regierung' bestand jedoch ausschließlich aus Sklaven. Ihre extra für dieses Fest gestalteten Orden und Ehrenzeichen wurden ihnen von nur mit einem Lendenschurz bekleideten Knaben vorausgetragen.

Danach kamen die ‚Dienerinnen' der *Königin der Nacht*. Dies waren junge Damen der Gesellschaft, die endlich einmal zeigen konnten, dass sie den Sklavinnen an Schönheit und Ausstrahlung in nichts nachstanden, wenn man sie nur machen ließ; und zumindest bei diesem Fest ließ man sie."

In Erinnerungen schwelgend hatte Titus lächelnd in die Ferne geschaut, rief sich dann aber wieder zur Ordnung und fuhr fort.

„Als die Sänfte auf der Höhe des Varus war, kam der vordere rechte Gladiator ins Straucheln, da ihm eine der Damen wohl zu direkt das Gesäß getätschelt hatte. Die Sänfte neigte sich, und die *Königin der Nacht* rutschte genau auf Varus' Schoß. Er reagierte, als hätte man ihm ein Wespennest zugeworfen. Sein Vorrat an Humor für diesen Abend war damit schon verbraucht.

Die *Königin der Nacht* entschuldigte sich und wurde von hilfreichen Händen wieder auf die Sänfte gehoben. Dabei rutschte ihre spärliche Kleidung so sehr, dass man von einer solchen nicht mehr sprechen konnte. Vielleicht war dies Absicht, denn jetzt war zu erkennen, dass sie sich zu Ehren ihrer historischen Namensgeberin Achsel- und Schamhaare rasiert hatte, um ihre Tugend und ihre Jungfräulichkeit herauszustellen. Trotz dieser erfreulichen Aussichten besserte sich die Laune des Varus keinesfalls, zumal er von seinen Nachbarn gefragt wurde, was er denn für diesen Zwischenfall gezahlt habe."

Szene aus den Thermen von Pompeji

Das Programm

Da Titus bemerkte, dass Pitt allzu begierig auf weitere Einzelheiten war, tat er ihm den Gefallen und erzählte weiter.

„Das Königspaar eröffnete die Festivitäten. Zunächst lieferten sich die Gladiatoren, als griechische Ringer, einen martialischen Schaukampf. Die Körper wirbelten durch die Luft und knallten mitunter heftig auf den Boden. Als man das Schlimmste befürchtete, traten die vier Hand in Hand vor das Publikum und bedankten sich artig. Sie wussten, dass der eigentliche Kampf für sie jetzt begann. Denn ihre Aufgabe war, den Damen der Gesellschaft an diesem Abend zur Verfügung zu stehen.

Als Nächstes folgten eine Art Tanz der ‚Ordensknaben', wobei dieser im Wesentlichen daraus bestand, sich bestens für die kommende Nacht zu präsentieren. So kam bei dem in dieser Richtung interessierten lüsternen Publikum schon einmal Vorfreude auf.

Der künstlerische Höhepunkt des Abends bestand jedoch im Tanz der jungen Sklavinnen. Sie hatten sich eine wunderbare Choreografie ausgedacht und spielten die historische Begebenheit der Lucretia nach, die sich aus Scham über eine Vergewaltigung das Leben genommen hatte, obwohl ihr Mann ihr verziehen hatte. Der Tanz bewegte das Publikum sehr, und als der Beifall sich legte und die Tränen getrocknet waren, wurde von einigen Herren den Tänzerinnen die Freiheit geschenkt. Ein, zwei Ausnahmen gab es, darunter war natürlich auch Varus, der die Gelegenheit nutzte, um endlich einmal seiner Frau in aller Öffentlichkeit zu widersprechen."

Der gemütliche Teil

Noch immer lauschte Pitt angestrengt. Und dachte an seine Wohnungsnachbarin.

„Nach einigen weiteren Darbietungen kam endlich der sogenannte gemütliche Teil. Die Damen bewunderten mit Augen und Händen den muskulösen Körperbau der Gladiatoren. Es gab offensichtlich etwas, was der eigene Mann nicht bieten konnte. Sie ließen sich auch durch die strafenden Blicke ihrer Ehemänner nicht stören, soweit diese nach dem reichlichen Wein- ‚Genuss' überhaupt noch geradeaus sehen konnten.

Für mich war die Feier dann kurz danach zu Ende. Einer der Lustknaben kam zu Varus und fingierte ihm unter der Toga herum. Varus ärgerte sich insbesondere darüber, dass einige der umstehenden Sklaven meinten, so glücklich hätten sie ihn noch nie gesehen. Mit Bestimmtheit schob er daher den Knaben zur Seite.

Dieser gab jedoch nach Aufforderung durch seine Mutter nicht nach, sondern versuchte es ein zweites Mal. Varus verlor etwas die Beherrschung, und ich musste eingreifen. Ich machte den Jungen auf einen bereits eingeschlafenen reichen Kaufmann aufmerksam und verließ mit Varus das Fest.

Die Mutter des Knaben hatte sich wohl Hoffnungen gemacht, schließlich war auch Kaiser Augustus von der Familie seines Onkels adoptiert worden, nachdem er jahrelang mit diesem ein Verhältnis gehabt hatte. Nur dadurch konnte er in der Gesellschaft aufsteigen.

Warum sollte das nicht auch ihrem Jungen gelingen?" Einige der Geheimisse des Kaisers hatte Titus so ganz nebenbei ausgeplaudert.

Das Spiel der Claudia

„Claudia Pulchra dachte nicht daran, ihrem Ehemann zu folgen. Sie hatte sich mit zwei Freundinnen ein Spiel ausgedacht: Die Gladiatoren mussten mit ihren öligen Händen die Busen der Damen massieren und dann mit verbundenen Augen den Vorgang wiederholen und die Busen den richtigen Damen zuordnen. Wenn sie sich irrten, wurden sie bestraft. Die Strafe war aber wohl so attraktiv, dass die Grapscher sich jedes Mal irrten.

Ich war sehr traurig, dass ich das Fest schon verlassen musste. Ich hatte mich unsterblich in die Lucretia, die *Königin der Nacht*, verliebt. Als sie von der Sänfte gerutscht war, hatte ich sie wieder hinaufgehoben. Bei der Berührung ihrer so sanften Haut hatte es mich wie der Blitz getroffen. Ich hatte auch den Eindruck, dass sie mich mit ihren Augen immer wieder gesucht habe. Aber ich musste ja mit diesem Muffel von Varus nach Hause.

Als ich mich sehr spät noch einmal auf das Fest schlich, hatte Lucretia sich anderweitig getröstet und war verschwunden. Nachdem ich bei meiner Suche zweimal auf Erbrochenem ausgerutscht war, verhandelte ich mit einer noch halbwegs nüchternen Sklavin und ließ mich angemessen verwöhnen. Meine Gedanken waren jedoch bei Lucretia. Ich fürchtete, ich würde sie niemals wiedersehen. Aber da hatte ich mich getäuscht“, erzählte Titus.

„Das mit Lucretia hast du mir aber nicht erzählt!“, warf Gerd ein.

„Es gibt auch nach 2 000 Jahren immer wieder Neuigkeiten“, meinte Titus.

Besprechung in Xanten

Die Spannungen, die sich zwischen Gerd und Titus gerade aufbauten, konnten dem Fortgang des Interviews abträglich sein. Daher beschloss Pitt, die Wogen zu glätten.

„Gerd, Sie sind knapp zu spät gekommen, ich 2 000 Jahre", tröstete er „Dann kamen aber die ersthaften Verhandlungen. Dort wurde also der Standort des Sommerlagers festgelegt. Und Sie waren dabei!"

„Na ja, am Katzentisch. Sagen durfte ich nichts, aber Getränke holen oder den einen oder anderen Offizier für ein Statement zu den Gesprächen zu bitten", gab sich Gerd bescheiden.

„Wie muss man sich solch ein Gespräch vorstellen?"

„Die drei Legionen, die mit in das Sommerlager sollten, sowie die Kapitäne der Versorgungsschiffe hatten ihre Anforderungen klar formuliert."

„Und welche waren das? Man war doch unter Freunden."

„Wir waren so gedrillt, dass wir sogar auf dem Forum Romanum unser Lager befestigt hätten", erwiderte Titus.

„Also noch mal: Welche Bedingungen stellten die Generäle der Legionen?"

„In erster Linie ging es offensichtlich nur um Essen und Trinken", meinte Gerd. „Die Versorgung der Truppe musste unbedingt sichergestellt sein. Solche enormen Mengen Getreide konnte man nur mit dem Schiff herbeischaffen. Die großen Versorgungsschiffe hatten beladen wohl einen Tiefgang von etwa 60 Zentimetern.[1] Also musste das Sommerlager an einem schiffbaren Fluss mit mindestens 70 Zentimeter Wassertiefe liegen. Des Weiteren musste für die Truppe ausreichend Trinkwasser vorhanden sein und ausreichend Weideland für die Mulis."

„Wie viele Menschen und Tiere mussten versorgt werden?", wollte Pitt genau wissen.

„Im Kriegsfall bestand eine Legion aus rund 5 000 Legionären, aus der gleichen Anzahl Hilfstruppen und aus bis zu 700 Mulis. Bei diesem Sommerlager waren wir unter der Sollstärke", erklärte Titus.

„Warum so reduziert?"

„Varus musste ja alles selbst auslegen", sagte Titus. „Die Refinanzierung lief in Germanien nun einmal sehr schleppend."

„Sehr sparsam, der Varus!" Pitt staunte.

„Außerdem mussten ja einige in den Ausgangslagern zurückbleiben. Der Krankenstand hatte sich deutlich erhöht, als bekannt wurde, dass es in die Wälder und Sümpfe Germaniens gehen sollte. Wenn es Sie interessiert, ich habe die tatsächliche Ist-Stärke der Legionen in etwa im Kopf", prahlte Titus.

---

1 Natürlich kannten die Römer und Griechen unser heutiges Maßsystem nicht. Der geneigte Leser mag gern die hier im Buch vorkommenden Angaben in die damals gebräuchlichen Maße umrechnen, etwa über den von Dr. Ralf G. Jahn unter http://www.adel-genealogie.de/ zur Verfügung gestellten Rechner.

„Na klar ist das interessant, wenn's nicht zu viele Zahlen sind. Und wie kamen Sie als Leibkoch an diese Informationen?", fragte Pitt.

„Varus war nicht nur geizig, sondern auch misstrauisch. Ich musste die gesamte Verpflegung nachkalkulieren. Aus dem geplanten Verpflegungsaufwand konnte man auf die Stärke der Legionen schließen. Und das sah in etwa so aus ..."

Titus konzentriert sich:

„Die XVII. Legion unter dem General (Legaten) Piso: Statt 250 Offizieren waren es nur 150. Hier hatte wohl eine Epidemie für einen hohen Krankheitstand gesorgt. Die Infanterie trat mit voller Stärke von 4 320 Mann an, der Rest blieb zur Bewachung der Ausgangslager zurück. Die Pioniere wurden wegen zu erwartenden schlechten Wegstrecke vollzählig mit rd. 500 Mann mitgenommen, dafür nur 50 Mann Reiterei, das war etwa die Hälfte der Sollstärke.

Die Hilfstruppen der XVII. Legion waren linkrheinische Ubier, allerdings nur mit etwa 1 000 Mann vertreten, darunter 30 Reiter. Das war nur ein Fünftel dessen, was wir im Krieg in Syrien aufgeboten hatten.

Die XVIII. Legion unter dem General (Legaten) Cicero trat an mit 2 400 statt 4 300 Legionären. Der Rest bleibt zur Bewachung des Lagers zurück. Die Hilfstruppen der Legion waren rechtsrheinische Friesen, die aber mit den Römern verbündet waren."

„Da hat der Varus in der Tat ordentlich gespart", musste Pitt zugeben.

„Ja, aber es kommt noch besser. Die XVII., XVIII. und XIX. Legion sollten mit Varus ins Sommerlager ziehen. Die XIX. Legion hatte eine Ist-Stärke von nur 3 000 Mann, alles römische Bürger, die aber aus Gallien, Belgien und etwa 1 000 aus dem linksrheinischen Germanien stammten. Varus kam auf die grandiose Idee, dass sich Letztere direkt bei ihren rechtsrheinischen Landsleuten versorgen sollten. Dazu kamen die germanischen Hilfstruppen, insbesondere die Reiterei. Diese sollten, so die auch umgesetzte Idee des Varus, nur aus den verbündeten Cheruskern unter dem Befehl des Arminius bestehen. Er musste diese Hilfstruppe natürlich auch selbst finanzieren. Sonst waren die Hilfstruppen den Generälen unterstellt. Die XIX. Legion unter dem General (Legaten) Numerius war sowieso das Stiefkind des Varus. Er hatte diese Legion vor einigen Jahren einmal selbst geführt. An seinen Nachfolgern kritisierte er nur herum“, gab Titus Interna preis.

„Es ist in der Literatur immer vom Tross die Rede. Wie setzte sich dieser zusammen?“, wollte Pitt wissen.

„Das waren pro Legion etwa 1000 inoffizielle Ehefrauen mit Kindern, Händler, Handwerker, Wirte und Prostituierte“, erklärte Titus.

„Wurden diese auch von Varus verpflegt?“ Dass Pitt manchmal einfach nur ans Essen denken musste!

„Nur indirekt, aber sie lebten natürlich von den Legionären. Die inoffiziellen Familien wurden verpflegt, man konnte den Legionären etwas verkaufen. Den Rest stahl man sich in der Umgebung zusammen.“

„Noch mal zurück zu den Anforderungen der römischen Legionen an das Sommerlager“, forderte Pitt.

„Nachdem die Infrastruktur geklärt war, ging es um Holz für die Gebäude und die Palisaden“, klärte Gerd auf. „Arminius winkte ab und behauptete: ‚Bei uns gibt es mehr Holz als in der Wüste Sand.‘“

„Das hätten die Römer doch auch wissen müssen!“ Pitt verstand nicht.

„Nun ja, wie Stabsoffiziere aller Armeen nun einmal so sind: Man hat seine Liste, und die wird abgearbeitet“, sagte Gerd.

„Welche Anforderungen wurden an die Sicherheit gestellt?“

„Wenn man da alle Anforderungen erfüllt hätte, wäre man am besten hinter dem Rhein geblieben. Man merkte deutlich, das wäre den Offizieren auch durchaus recht gewesen. Was wollte man eigentlich im finsteren Germanien? Varus beschimpfte seine Offiziere als Feiglinge und drohte, das gesamte Offizierskorps auszuwechseln.“

Pitt interessierte sich dafür, warum ausgerechnet dieser Standort gewählt worden sei.

„Arminius rettete die Situation, indem er die Vorteile des von ihm angedachten Standorts des Sommerlagers schilderte. Zwei Kilometer südlich verlaufe eine Furt durch die Weser mit einer Wassertiefe im Sommer von 30 bis 50 Zentimetern. Direkt am Lager sei das Wasser durch den Zufluss weiterer kleiner Flüsse einen Meter tief, und zwar durchgängig bis Bremerhaven (der römische

Kriegshafen, der gleichzeitig als Lebensmitteldepot diente). Nach Nordosten befinde sich ein Moor- und Sumpfgebiet mit einer Breite von etwa zwei bis fünf Kilometern, das von größeren Truppenansammlungen nicht zu durchqueren sei.

Im Süden befänden sich der Angrivarierwall und die befreundeten Cherusker und im Westen das etwa vier Meter hohe Steilufer der Weser und davor ein gut einsehbares baumfreies Marschland in einer Breite von rund fünf Kilometern. Praktisch unangreifbar.

Diese Ausführungen begeisterten den Varus, aber auch seine Offiziere, denn so verloren sie nicht ihre Jobs oder noch Wertvolleres. Auch Arminius war begeistert, denn das Lager war nur am äußersten Rand seines Cheruskergebietes und eher bei den Angrivariern gelegen. Er wusste, was so ein Lager für die Bevölkerung bedeutete."

Warum ohne Job?

Gerd hielt erschöpft inne. So viel gesprochen hatte er seit Jahrtausenden nicht mehr.

„Darf ich jetzt auch mal eine Frage stellen, die mich die ganze Zeit schon beschäftigt?“, meldete sich Titus zu Wort. „Warum haben Sie eigentlich Ihren Job verloren?“

„Der Chefredakteur Guido Wartz – allein schon dieser Name! – ist ein arroganter Sack. Seit die Neue da ist, bekomme ich nur noch den Mist, und der wird auch noch regelmäßig zusammengestrichen. Bei einem Gespräch gab ein Wort das andere. Schließlich sagte der Komiker noch zu mir: ‚Am besten pinkeln Sie mir auf den Schreibtisch, dann kann ich Sie wenigstens fristlos entlassen!‘ Und das habe ich dann getan“, antwortete Pitt.

„Ernsthaft auf den Tisch?“ Titus wollte es nicht glauben.

„Das nicht, aber als er für zehn Minuten draußen war, auf seine Besuchercouch. Der Duft hält länger.“

„Wie peinlich!“, entfuhr es Titus.

Gerd hingegen meinte: „Grandios!“

„Grandios wäre es gewesen, wenn ich die Überwachungskamera vorher zugehängt hätte ...“

Aufbruch zu den Angrivariern

Wenn Pitt an jene Episode dachte, wurde er regelmäßig schwermütig. Jetzt jedoch rief er sich zur Ordnung und setzte das Interview fort.

„Haben Sie beide sich schon in Xanten kennengelernt?“

„Das nicht, aber mitunter aus der Distanz gesehen. Als wir uns später austauschten, hielten wir beide uns gegenseitig für ziemlich arrogant“, sagte Gerd.

„Wie ging es nach der Konferenz weiter?“

„Es ging direkt zu den Angrivariern. Mit Arnulf (Bedeutung: ‚scharfsichtig wie ein Adler, ausdauernd wie ein Wolf‘), dem zuständigen Clan-Chef, wie Sie heute sagen, musste die Räumung des für das Lager vorgesehene Gebiet besprochen werden.“

„Wussten Sie etwas über diesen Arnulf?“, fragte Pitt weiter.

„Arnulf war bei der letzteren kriegerischen Auseinandersetzung der Angrivarier zum (Kriegs-)Herzog gewählt worden“, erklärte Gerd. „Er genoss also bei seinem Stamm ein hohes Ansehen. Das berücksichtigte Arminius natürlich bei den Verhandlungen.

Arnulf war ein Hüne von einem Mann, wirkte sehr durchtrainiert, obwohl er unmäßig trank. Einmal berauscht, wurde er jedoch nicht aggressiv wie viele Germanen, sondern lachte ununterbrochen und schlief dann rasch ein. So, wie Arminius immer seinen Römerhelm trug, hatte auch Arnulf eine besondere Kopfbedeckung: den präparierten Schädel eines Keilers mit vergoldeten Hauern.

Das änderte an dem Ergebnis der Besprechungen jedoch nichts. Alle germanischen Häuser, die näher als etwa drei Kilometer am Lager standen, mussten geräumt werden. Heftige Proteste Arnulfs waren vergebens. Arminius machte ihm klar, dass sich die Römer das Lager und vielleicht noch ein bisschen mehr sonst mit Waffengewalt nehmen würden.

Immerhin konnte Arnulf bei Arminius heraushandeln, dass die Häuser, die nicht im unmittelbaren Umfeld des Lagers standen, nicht beseitigt werden würden. Außerdem sicherte Arminius mit Hinweis auf das ritterliche Verhalten der römischen Armee zu, das Leben und Vermögen der Bewohner nicht anzutasten."

„War das vorgeschoben, oder glaubte Arminius wirklich an die Ritterlichkeit der römischen Armee?", fragte Pitt nach.

„Ich kann's nicht sagen, aber er meinte das wohl auch so."

„Schon ein interessanter Mann! – Und jetzt kamen die Römer zum Lager ..."

„Ja, es ging mit Unterstützung durch Schiffstransporte die Lippe hinauf", schaltete sich Titus ein, „zunächst bis Haltern und weiter bis Anreppen, einem auch im Winter besetzten Römerlager. Dann in fünf Tagesetappen durch die Porta Westfalica bis ins Zielgebiet. Die schwere Ausrüstung wurde über Bremerhaven die Weser hinaufgeschafft."

Der Zwischenfall

Pitt staunte über diese enorme Gedächtnisleistung. Er kannte Leute, die heute nicht mehr wussten, was sie gestern versprochen hatten, und jetzt lernte er Zeitzeugen kennen, die nach 2000 Jahren detailliert Zwischenstationen auf dem Marsch wiedergeben konnten.

„Kam es dabei zu irgendwelchen Zwischenfällen?“, fragte Pitt.

„Eigentlich nicht. Jedenfalls nicht durch die Germanen. Am Ende des dritten Tages kam uns jedoch der leitende Oberst des Vorauskommandos entgegen. Er berichtete Varus von einem Vorgang, den er für ein sehr gefährliches Omen hielt.

Im Zielgebiet gab es eine Insel mit etwa zehn Gehöften. Diese mussten geräumt werden. Um die Bewohner bei der Räumung organisatorisch nicht zu überfordern, wurde das Vieh konfisziert, die Knechte und Mägde als Sklaven für die Lagerarbeiten herangezogen.

Eine Magd hatte sich einer Vergewaltigung, die nach Meinung des Obersten bei Besatzungstruppen nun mal nicht zu vermeiden sei, derart heftig widersetzt, dass der Offizier dabei tödliche Verletzungen davongetragen hatte. (Später erfuhren wir, dass sie ihm die Kehle durchgebissen hatte.) Man hatte sie darum kurzerhand an ein Kreuz genagelt. Ihr Freund, ein riesiger Kerl, wollte ihr zu Hilfe kommen. Bis er überwältigt werden konnte, erwürgte er drei römische Legionäre mit den bloßen Händen, sodass man auch ihn nahezu zwangsläufig gekreuzigt hat“, berichtete Titus bitter.

„War denn eine solche Lynchjustiz bei den römischen Truppen erlaubt?“ Fassungslos starrte Pitt Titus an.

„Natürlich nicht, und Varus war auch entsprechend zornig. Obwohl der weitere Teil der Geschichte ihn sehr nachdenklich machte, entband er den Offizier von seinen Pflichten und schickte ihn zur Strafe zurück nach Anreppen. (Der Offizier war zunächst sehr deprimiert, aber nach vier Monaten besserte sich seine Laune.)“

„Wie ging denn der weitere Teil der Geschichte?“

Titus fuhr fort: „Dem Oberst stand bei seinem Bericht noch das Grauen ins Gesicht geschrieben. Nachdem man die Magd gekreuzigt hatte, hörte man von ihr keinen Ton. Sie weinte nicht, sie wimmerte nicht, einfach nichts. Ganz anders ihr Freund. Mit seiner unbändigen Kraft drückte er den Querbalken nach vorne, sodass dieser brach und sich löste. Dann ließ er sich in die Knie fallen und stieß sich ab, als wolle er mit Kopf voraus in einen See springen. Die Nägel konnten diese Kraft nicht halten, er konnte sich befreien und stieß einen so fürchterlichen Schrei aus, dass die Wachen entsetzt davonliefen.

Anhand der Fußspuren stellte man fest, dass er jetzt wohl gespaltene Füße hatte. Seine Freundin hatte bei seiner Flucht laut losgelacht und verstarb. Die römischen Offiziere kamen einstimmig zu der Auffassung, dass es sich bei ihr um eine Hexe und bei ihm um den Teufel persönlich gehandelt habe. Es war eindeutig: Dieser Platz war verflucht. Der vorläufige Lagerkommandant übernahm es, Varus die Umkehr zu empfehlen. Das Ergebnis ist bekannt.“

„Hatte sich dieses Ereignis auch bei der Truppe herumgesprochen?“

„Natürlich, es wurde von Mann zu Mann weitergeschwiegen. Man hatte den Eindruck, dass sich die Marschgeschwindigkeit nicht nur wegen der schlechteren Wegstrecke verringerte. Aber im Ernst: Der Rückweg wurde durch Abholzungen, Brückenbauten und Ausbesserungen der Wege schon jetzt gründlich vorbereitet“, sagte Titus.

Empfang auf *Insula le Syringa*

Pitt bewunderte diese militärische Weitsicht, aber noch etwas anderes interessierte ihn.

„Gab es unterwegs Kontakt mit den Germanen?“, wollte Pitt wissen.

„Wir wussten, dass sie immer da waren. Man sah sie von ferne, wie sie unseren Marsch beobachteten. Es kamen auch Frauen und Kinder an die Marschkolonne, um uns Hühner, Eier oder Fleisch zu verkaufen. Da dies eine willkommene Abwechslung des Speisezettels war, wurde das Angebot gern wahrgenommen.

Wir hatten schon nicht mehr damit gerechnet, aber nachdem wir noch durch eine schlammige Ebene marschiert waren, kamen wir endlich im Lager an. Varus war begeistert.“

„Was hat Ihn denn so begeistert?“

Titus erklärte: „Die Pioniere der Vorausabteilung hatten ihm auf der schon bekannten Insel ein kleines Schloss aus Holz gezaubert. Sie wussten natürlich, dass Varus immer auf ein repräsentatives Gebäude Wert legte.

Da er ein solches nun auch hier in der germanischen Wildnis vorfand, versöhnte er sich mit seinen Offizieren und gab bereits am ersten Abend einen Empfang. Dazu waren natürlich Arminius und sogar Arnulf neben den Offizieren eingeladen.

Ich habe mir an diesem Abend den Wolf gekocht. Bei der Getränkeausgabe hat mir – Gott sei Dank! – der Gerd geholfen. Dann taufte, wie Sie heute sagen, Varus das Schloss und die Insel in einer spontanen Zeremonie wegen des hier blühenden Flieders auf den keltischen Namen *Insula le Syringa*."

„Also ein gelungener Abend", stellte Pitt fest. „Wie entwickelte sich das persönliche Verhältnis zwischen Arminius, Arnulf und Varus?"

„Arnulf war eher nicht beteiligt", fuhr Titus fort. „Am späten Abend gingen die drei vor die Tür, um ein wenig Luft zu schnappen und einem nur menschlichen Bedürfnis nachzukommen. Varus kannte die Örtlichkeiten natürlich noch nicht, vielleicht lag es auch an dem überreichen Genuss von Alkohol. Jedenfalls machte er einen Fehltritt und fiel in die Weser. Die war in dieser Gegend eigentlich nie sonderlich gefährlich, aber es gab immer wieder Untiefen, die das Frühjahrshochwasser herausgespült hatte. Varus konnte offensichtlich nicht schwimmen – im Gegensatz zu Arminius.

Dieser zog in Windeseile seine Uniform aus und sprang dem Varus nach. Er erwischte ihn tatsächlich trotz der tiefen Dunkelheit, und es war höchste Zeit. Varus lebte eigentlich schon nicht mehr. Durch Herzdruckmassage und Mund-zu-Mund-Beatmung holte Arminius ihn in das Leben zurück. Dieses Leben sollte dann ja nicht mehr lange andauern. Aber das wussten zu diesem Zeitpunkt weder Arminius noch Varus und schon gar nicht Arnulf. Der hatte sich kichernd auf einem Baumstamm gesetzt und war dort eingeschlafen."

„Und Sie mussten wieder Ihre Latrinensuppe kochen."

„Genau! ... und tausend Eide schwören, niemandem von dem Vorfall zu erzählen. Daran habe ich mich auch gehalten bis zu diesem Zeitpunkt.

An jenem Abend lernte ich Aulus kennen. Dessen Aufgabe war, Varus mit wohlgereimten Versen zu unterhalten und zugleich ein Tagebuch zu führen. Aulus war verzweifelt. Varus hatte ihm von dem Vorfall erzählt – aber so, dass Varus den völlig betrunkenen Arminius unter Einsatz seines Lebens aus der Weser gezogen hätte. Aulus hatte aber gehört, wie auch immer, dass der Vorfall anders verlaufen sei. Er quälte sich jetzt mit der richtigen Formulierung. Gestalten: Ja, aber alles komplett falsch darzustellen, damit hatte er so seine Probleme. Nach drei Glas Rotwein waren die Probleme behoben."

„Hat sich Varus gegenüber dem Arminius dankbar gezeigt?" Pitt hielt das für das Mindeste.

„In keiner Weise. Das Verhältnis wurde seltsam gespannt. Das merkte man auch bei der Bewältigung der Kreuzigungsaffäre."

Pitt interessierte noch ein Detail: „Die Gekreuzigten gehörten ja zu den Angrivariern und damit zu Arnulf. Hatte er sich in dieser Angelegenheit noch mal an die Römer gewandt?"

„An die Römer meines Wissens nicht", erwiderte Gerd. „Aber an Arminius. Der war außer sich ob dieses Vorfalls und wandte sich seinerseits an Varus. Er hatte schließlich dem Arnulf versprochen, dass Mensch und Besitz der Angrivarier nicht angerührt werden würden. So gab er dem Varus zu bedenken, dass das Ansehen der

Römer und sein eigenes sowohl bei den Angrivariern als auch bei den Cheruskern Schaden nehmen würden.

Varus lachte darüber nur und sagte Arminius, dass er sich um sein Ansehen bei den Germanen keine Gedanken machen solle, vielmehr um sein Ansehen bei den Römern. Denn die sorgten dafür, dass er Fürst der Cherusker sei, und nicht die tollpatschigen Clanchefs. Auch ergebe sich das Ansehen der Römer aus den Waffen. Arminius war sehr verletzt. Er hatte Varus als Partner gesehen und ihm das Leben gerettet. Jetzt musste er einsehen, dass er doch nur ein Befehlsempfänger war."

„Und trotzdem saßen sie an jenem Abend zusammen, aßen und tranken und waren sich auf jeden Fall nicht feindlich gesonnen", meinte Pitt.

„Arminius war sehr darauf bedacht, dass die Römer und Germanen nicht aneinandergerieten. Also handelte er mit Arnulf nach germanischem Recht eine Entschädigung aus. Er bezahlte diese aus eigener Tasche. Er gaukelte dem Arnulf vor, dass dies von Varus so angeordnet sei, aber dieser durchschaute die Angelegenheit schon. Er erkannte, dass Arminius zumindest in dieser Angelegenheit wie ein Germane dachte", berichtete Gerd.

Die Bernsteinsteuer

Pitt musste das Gehörte erst einmal verarbeiten. Dann fragte er weiter:

„Mich würde interessieren, was Varus für ein Mensch war."

„Varus gehörte zum römischen Hochadel und war durch geschicktes Heiraten sogar mit dem Kaiser verwandt. Danach richtete er sein Handeln aus: immer oben sein, egal wie.

Und dann war er Kaufmann, und zwar ein sehr guter, jedenfalls in Syrien. Dort konnte er das Vermögen seiner Familie vervielfältigen. Das war es auch, was er an seinem Einsatz in Germanien zu kritisieren hatte: Es gab nichts zu holen, jedenfalls bisher nicht. Vermutlich hatte Kaiser Augustus gemeint, bis jetzt habe Varus sich die Taschen in Syrien gefüllt, da könne er auch mal in Germanien etwas zusetzen.

Privat war er recht umgänglich. Er brauchte immer am Abend seinen Wein. Den trank er bevorzugt in Gesellschaft geduldiger Zuhörer, da er sich am liebsten selber reden hörte."

„Danke, aber es gab doch diese Idee mit dem Bernstein. Ließ sich das denn umsetzen?", hakte Pitt nach.

„Diese Angelegenheit hatte Varus nach den vorherigen Erfahrungen Arminius übertragen. Dieser musste, unterstützt von römischen Verwaltungsbeamten, die einzelnen Stämme nach ihrer wirtschaftlichen Leistungsfähigkeit einschätzen und von jedem

Stamm eine entsprechende Menge Bernstein einfordern – und zwar insgesamt 40 Zentner", sagte Titus.

„Eine unvorstellbare Menge", erklärte Gerd. „Das entsprach einem Gegenwert von rund 7 000 Kühen oder fast 2 000 Pferden. Arminius war entsetzt. Das war nicht zu schaffen. Er sprach noch einmal bei Varus vor, um ihm klarzumachen, dass es Bernstein in größeren Mengen nur östlich der Elbe gab.

Varus lachte nur und meinte, man müsse die Germanen einfach mal richtig fordern und ihnen die Alternative vor Augen führen. Er verdeutlichte auch Arminius seine persönliche Alternative. Immer noch war Arminius mehr römischer Ritter denn Germane. Es ging ihm nur um die Erfüllung seines Auftrags. Mitleid mit den Stämmen hatte er weniger. Aber auch ihm war klar, dass dieser Vermögensverlust die Region um mindestens zehn Jahre zurückwerfen würde.

In alle Stämme wurden Boten geschickt. Zu meinem Vater bei den Chatten bin ich selbst geritten. Er saß eine Weile nachdenklich da und sagte dann, dass den Chatten wohl nichts übrigbleibe. Den Römern sei man einzeln als Stamm nicht gewachsen. Es müsse halt jemand kommen, der die Stämme vereinige. Dann könne man auch die Römer schlagen. Ich äußerte meine Zweifel und ritt zu Arminius zurück."

„Wissen Sie etwas über die Reaktionen der anderen Germanenstämme?", fragte Pitt. Ein Bündnis wäre die logische Folge gewesen.

„Arminius war zufrieden. Die Mitglieder der anderen Stämme reagierten ähnlich wie mein Vater. Einige waren sogar sehr beflissen wie die Friesen, die mit den Römern eng verbündet waren“, erwiderte Gerd.

„Gerd, wir sprechen hier immer von den Germanen. Fühlten Sie sich mehr als Germane oder als Chatte?“

„Als Germane sicher nicht. Der Begriff kam von den Römern, und wir wussten, dass damit unsere Stämme gemeint waren. Arminius verwendete den Begriff in seinen Ansprachen mehrmals. Aber ein germanisches Nationalgefühl gab es nicht. Der Druck der Römer und die Steuerforderungen schweißten zusammen.“

„Ist doch klar“, mischte sich Titus ein. „Germane war ein Synonym für ‚Steuerhinterzieher‘!“

„Irgendwie wiederholt sich alles. – Titus, wenn das Verhältnis zwischen Arminius und Varus so angespannt war: Hatte der Varus keine Bedenken, dass es zu einem Aufstand der Cherusker bzw. aller Germanen kam?“

„Varus schätzte die Situation so ein, dass Arminius ihn bewundere und absolut loyal sei. Natürlich hatte er Verstimmungen auch bemerkt, aber ein glücklich-unglücklicher Zufall half ihm, den Arminius wieder enger an sich zu binden“, erklärte Titus.

Das Abenteuer im Wald

Während Titus erzählt hatte, war Gerd immer ein wenig unruhig auf seinem Platz hin- und hergerutscht. Pitt hatte dies schmunzelnd registriert, wollte nun aber doch fortfahren in der Unterhaltung.

„Das war sicherlich auch erforderlich“, meinte Pitt, auf Titus’ Erläuterung zurückkommend. „Was war geschehen?“

„Gerd, erzähl du das“, bat Titus. „Ich bekomme dabei immer einen Lachkrampf.“

„Dann lach doch! Ich tue es ja auch.“

Pitt drängelte: „Nun macht mal nicht auf komisch, die Geschichte muss jetzt auf den Tisch!“

„Sieht hier irgendjemand einen Tisch?“, fragte Titus. „Aber ich erzähl mal.

Im Laufe des Sommerlagers bildeten sich durchaus menschliche Beziehungen, die nicht immer der römischen Norm entsprachen. So hatte sich etwa ein Weinhändler eine bildschöne Germanin aus dem Hinterland zur Frau genommen. Er war schon etwas älter, aber umso vermögender – ein vernünftiges Argument also, wenn Alsuna (der Name bedeutete ‚die Edelsonne‘) auch die römischen Offiziere in ihren blinkenden Uniformen mehr zusagten.

Sie griff dabei gleich in eine obere Schublade und zeigte Numerius, dem kommandierenden General der XIX. Legion, wo Barthel den Most holt. Ihr Ehemann, der Händler, war nicht nur seiner Frau, sondern auch dem süßen Wein sehr zugetan und schlief daher regelmäßig früh am Abend ein. Wie es wahrscheinlich auch heute noch ist, trafen sich Alsuna und Numerius immer häufiger und verschwanden dann in den umliegenden germanischen Wäldern.

Die Liebe wurde immer heftiger und lauter. Aber dann wollte Alsuna dem Numerius zu seinem 33. Geburtstag ein ganz besonderes Liebeserlebnis bieten. Das jedenfalls kündigte sie ihm an. Voraussetzung war, dass er ihr voll vertraue und auch ungewöhnliche Dinge mit sich machen lasse. Numerius willigte so schnell ein, dass sie kaum zu Ende sprechen konnte. Er wollte! Hier und jetzt.

Sie hatte eine sandige Lichtung im Urwald ausgesucht. Zunächst fesselte sie ihn mit seinen vier Gliedmaßen an umstehende Bäume. Er lag auf dem Boden wie ein X.

Alsuna zündete links und rechts neben Numerius' Kopf in Schälchen kleine Räucherfeuer an. Der Duft verstärkte alle Sinne. ‚Aber er verbraucht viel vom Lebensglück des Mannes, also nur sehr sparsam einsetzen!', hatte ihre Großmutter sie gewarnt, als sie ihr unter dem Siegel der Verschwiegenheit das Rezept verraten hatte.

Als Nächstes verband sie seine Augen und verstopfte seine Ohren. Er konnte weder etwas hören noch etwas sehen – aber umso mehr fühlen. Und Numerius fühlte, wie Alsuna ihn entkleidete. Sie achtete darauf, dass sie mit scharfen Fingernägeln immer auch ein bisschen seine Haut aufritzte. Er stöhnte voll wollüstigen Schmerzes. Als er völlig nackend war, zierte ein harter starker Pilz den Urwald. Dieser wurde mit Tannenzweigen bearbeitet, bis Numerius nur noch schreien konnte. Der Pilz gab auf.

Im zweiten Akt wurde der Pilz mit Honig eingerieben. Da Alsuna Honig sehr mochte, blieb so gut wie nichts mehr haften. Der Pilz ergab sich erneut. Auch Ameisen hatte der Rest-Honig am Pilz angelockt. Ihr Kribbeln und Nagen richteten den Pilz erneut auf, sodass letztlich auch Alsuna glücklich wurde und erschöpft und selig auf dem Bauch des Numerius einschlief.

Dieser hätte auch gern geschlafen, aber die Ameisen knabberten immer noch und wurden lästig. Er stöhnte und wand sich.

Schließlich riss er sich los. Alsuna gab die Keusche und floh kokett kichernd in den dichten Wald, Numerius eilte in sichtbarer Erregung hinterher. Er wurde allerdings durch die noch immer an seinen Beinen angebundenen Stricke behindert. So verlor er Alsuna aus den Augen und stolperte eher orientierungslos durch das Unterholz.

Auf diese Weise störte er eine nebenan im Brombeerdickicht dösende Wildschweinrotte. Die deutete das überraschende Eindringen offensichtlich falsch. Jedenfalls stürzte sich ein Keiler auf Numerius und riss mit seinen scharfen Hauern dem General das gesamte durchaus ansehnliche Gemächte ab. Das allein war ja schon ärgerlich genug, aber das Tier verletzte ihn auch erheblich an der Beinschlagader. Der kommandierende General der XIX. Legion verblutete und fand so den Heldentod. Seine Gegner waren zwar keine Germanen, aber immerhin germanische Wildschweine gewesen.

Alsuna war schreiend in den Wald gelaufen. Um diese Zeit wurde es eigentlich in dieser Gegend gar nicht richtig dunkel. Aber im tiefen Wald konnte man absolut nichts sehen. Alsuna fand daher weder den – toten – Numerius noch ihre Bekleidung wieder und traf erst am Morgen splitternackt bei ihrem Ehemann ein.

Die Geschichte mit dem Pilzesuchen und Verlaufen und den angeblichen Räuberbanden glaubte ihr niemand, auch der Ehemann nicht. Die offizielle Stellungnahme der XIX. Legion blieb jedoch bei dieser Version. Der Händler verzieh seiner Frau, erhöhte jedoch seine Weinpreise gegenüber den Einkäufern der Legionen um 30 Prozent. Nach Rücksprache mit der Generalität wurden diese Preise akzeptiert."

„Eine sehr peinliche Geschichte!", musste Pitt zugeben.

„Na, hören Sie mal! Sie haben aufs Sofa gepinkelt", echauffierte sich Titus.

„Stimmt auch wieder! Gut, dass es in der Redaktion keine echten Wildschweine gibt. Aber warum war das für Varus ein glücklich-unglücklicher Vorgang?", wollte Pitt wissen.

Arminius als General

Jetzt war Titus ganz in seinem Element; für militärische Angelegenheiten und strategische Erwägungen hatte er sich schon immer interessiert

„Varus hatte Arminius immer als seine ‚Lebensversicherung in Germanien' bezeichnet", fuhr Titus fort. „Er merkte natürlich auch, dass Arminius auf Distanz gegangen war. Das wollte er nun auch wieder nicht. Er brauchte ihn und dachte sich einen, wie er meinte, genialen Schachzug aus.

Bis zur Rückkehr nach Xanten machte er Arminius, den römischen Bürger und Ritter des Kaisers, zum kommandierenden General der XIX. Legion. Damit hatte er Arminius in eine Position befördert, die dieser sich noch nicht einmal erträumt hatte. Varus' List war perfekt: Arminius war wieder an seinen Eid auf den Kaiser gebunden."

„Wie hat Arminius reagiert?", erkundigte sich Pitt weiter.

„Zunächst gab's eine durchaus heftige Reaktion unter den Offizieren der drei Legionen. Viele von ihnen hatten sich Chancen ausgerechnet (am schönsten riecht die Leiche des Vordermannes) und wurden nun enttäuscht. Dass Arminius ein Germane war, spielte eigentlich nicht die Rolle. Zum einen hielt man ihn in erster Linie für einen Römer, zum anderen war unter den Legionären die Nationalität völlig unwichtig", erklärte Titus.

Gerd meinte, nun auch etwas beitragen zu müssen: „Arminius war schon überrascht, aber auch sehr stolz. Er war, jedenfalls zunächst, wieder deutlich mehr Römer als Germane. Er begann sofort, sich um die XIX. Legion zu kümmern, und verbesserte insbesondere ihre Versorgungslage. Diese unterschied sich von derjenigen der XVII. und XVIII. Legion, die von Varus direkt versorgt wurden, erheblich. Die Verpflegung, die von den Germanen auf sogenannter freiwilliger Basis herbeigeschafft wurde, war deutlich zweite Wahl und immer zu wenig. Das änderte Arminius, ab sofort ging's der XIX. Legion wesentlich besser als den anderen beiden – was die Spannungen jedoch nicht abbaute."

„Und, Gerd oder Titus, wie kann man den Arminius beschreiben?" Nachdem ihm Varus plastisch beschrieben worden war, wollte Pitt nun auch den Gegenspieler kennenlernen.

„Persönlich oder politisch?", fragte Gerd.

„Mich interessieren beide Aspekte. Erzählen Sie mir, was Sie wissen."

„Für einen Cherusker war er eher klein", begann Gerd. „Das lag wohl an seiner chattischen Großmutter. Er hatte kein Gramm Fett am Leibe, absolut durchtrainiert. Er lief jeden Abend seine fünf bis zehn Kilometer, und hielt sich durch Liegestütze, Bäumestemmen und Ähnliches fit. Insgesamt war er ein Naturbursche, was auch durch seine schmutzig-blonden Haare unterstrichen wurde, die immer unter seinem Römerhelm hervorlugten. Zudem war er ein Reiter durch und durch. Seine Pferde waren sein Ein und Alles."

„Arminius war mit uns in Syrien und hatte nebenbei die Aufgabe, in Armenien einen kleineren Aufstand niederzuschlagen. Das gelang ihm, obwohl ihm kaum Fußtruppen zur Verfügung standen, sondern nahezu ausschließlich seine Reiterei. Daher kommt sein Ehrenname Arminius."

„Arminius war sehr vermögend. Er erzählte mir einmal, dass er als römischer Ritter, einem klar abgegrenzten Stand zugehörig, mit 400 000 Sesterzen besteuert werde. Dafür dürfe er als Standesabzeichen den Ritterring und einen schmalen Purpursaum an der Tunika tragen.

Er sah älter aus, als er tatsächlich war. Durch den jahrelangen Aufenthalt im Vorderen Orient war seine Haut schon sehr faltig. Dadurch wirkte er immer ein wenig ernst. Auch trug er immer seine römische Uniform, obwohl er ja eigentlich schon nicht mehr in römischen Diensten war", sagte Gerd.

Titus bemerkte spitz: „Schön war er nicht, sonst hätte er sich seine Frau ja nicht klauen müssen."

„Das haben einige Frauen, insbesondere in Rom, aber deutlich anders gesehen", übernahm Gerd die Verteidigung.

„Die Römerinnen finden jeden Mann toll, Hauptsache er ist verschwiegen." Titus wollte die Oberhand behalten.

„Interessant, aber nun politisch." Pitt lenkte zum Thema zurück. „Dass die Römer seine Wahl zum Fürsten der Cherusker stark beeinflussten, wissen wir inzwischen. Warum fiel nach Ihrer Ansicht die Wahl auf Arminius?"

„Es hatte sich insbesondere Segestes, sein Schwiegervater, in den Vordergrund gedrängt", erläuterte Titus. „Den hielt Varus jedoch für einen absoluten Schwätzer. Sein Bruder Flavius wurde von Varus in die gleiche Schublade gesteckt."

„Wie war denn das Verhältnis zwischen Arminius und den Cherusker?"

Gerd konnte dazu Folgendes sagen: „Arminius war im Alter von zwölf Jahren zunächst als Geisel nach Rom gekommen. Mit 14 Jahren trat er in den Militärdienst ein. Er sprach seine Muttersprache nur auf dem Niveau eines zwölfjährigen Jungen. Er fühlte sich im Land der Cherusker als Fremder.

Darum versuchte er in den ersten Monaten, viel Zeit in Köln zu verbringen. Dort fühlte er sich wohl und konnte ein römisches Leben genießen. Dann versuchte er, aus den Cheruskern bessere Römer zu machen. Aber das wollten diese nun wieder auf keinen Fall."

„War Arminius während des Sommerlagers immer vor Ort? Oder zog es ihn auch dann noch an den Rhein?", fragte Pitt.

„Er war schon häufig unterwegs, er musste ja auch den Bernstein bei den verschiedenen Stämmen organisieren", antwortete Gerd. „Varus legte jedoch großen Wert auf Arminius' Anwesenheit, denn er war Varus' Lebensversicherung."

Hass durch Rechtsprechung

Das konnte sich Pitt gut vorstellen, ebenso, dass Arminius sehr gut wusste, wie abhängig Varus von ihm war.

„Wie übte Varus seine Macht aus? Er wollte doch den Germanen deutlich machen, dass sie ein Bestandteil des römischen Weltreiches seien. Es wird in der Literatur von einer misslungenen Rechtsprechung des Varus berichtet", gab Pitt voller Stolz sein angelesenes Wissen preis.

Gerd half ihm weiter: „Die germanischen Stämme hatten ihre eigenen ungeschriebenen Gesetze. Ein Mord führte nicht zu einer Verurteilung, sondern wurde durch Blutrache oder einen materiellen Ausgleich geregelt. Es gab auch Fälle, in denen der geschädigten Familie ein Sohn oder eine Tochter der Täterfamilie zugesprochen wurde. Das regelten die Sippen aber immer unter sich. Konnte man sich nicht einigen, waren Gottesurteile zu bestehen, die als Prüfungen oder Zweikämpfe mit Urteil der Götter ausgeführt wurden, z. B. zwischen dem Bruder des Getöteten und dem Mörder.

Hingegen wurde Viehdiebstahl mit dem Tode bestraft. Denn wurden einer Familie die Rinder gestohlen, bedeutete dies den sicheren Hungertod dieser Gemeinschaft."

„Schildern Sie doch mal einen Gerichtstag des Varus, am besten Sie, Titus."

Titus kam dieser Bitte gerne nach. „Es war dem Varus schon eine ‚Herzensangelegenheit' im negativen Sinne. Er konnte die Nacht vorher selten schlafen. Seine Urteile: Stockhiebe bei Beleidigung eines römischen Legionärs, öffentliche schmachvolle Folterungen bei Ehebruch und bei Mord Hinrichtungen oft durch qualvolle Kreuzigungen.

Sein Lieblingsurteil lautete ‚Tod durch Strick, Schwert oder Kreuzigung und Einziehung des Vermögens zugunsten der Staatskasse'. Diese Kasse verwaltete natürlich Varus. Er vertrat das römische Recht mit brutaler Härte. Natürlich wurden Frau und Kinder des Verurteilten zum Vermögen gerechnet und mit dem nächsten Versorgungsschiff nach Bremerhaven geschickt, um dort als Sklaven verkauft zu werden.

Für immer neue Anklagen sorgten Ermordungen römischer Legionäre. Regelmäßig wurden Legionäre erdrosselt im Wald aufgefunden Die Fußspuren deuteten auf den gleichen Täter hin. Seine Füße waren offensichtlich gespalten. Diese Indizien interessierten den Varus jedoch nicht. Er verurteilte die männlichen Bewohner eines ganzen Dorfes zum Tode mit den bekannten Folgen."

Gerd ergänzte: „Diese Methoden entfachten immer mehr Hass auf die Besatzungstruppen, zumal durch Weitersagen das Geschehene häufig vervielfacht wurde."

Titus fuhr fort: „Zu seinem Ärger gingen ihm mehr und mehr die Fälle aus. Denn die Germanen hüteten sich natürlich, den Richter Varus anzurufen. Dies taten sie zu Beginn des Sommerlagers häufiger, um einen Gegner, z. B. aus einem anderen Clan, aus dem Weg zu räumen. Inzwischen wurde aber jeder, der den Varus als Richter anrief, innerhalb der Stämme isoliert.

Da kam Varus, wie er meinte, auf eine blendende Idee: Die Einkäufer hatten sich beschwert, dass immer weniger Germanen bereit seien, ihnen Schafe oder Schweine zu verkaufen – und wenn, dann nur zu überteuerten Preisen.

Varus verpflichtete die Germanen per Erlass, ihr Vieh zu einem festgesetzten Preis zu verkaufen. Wer sich dem nicht fügte, wurde wegen Widerstandes gegen Rom vor Gericht gezerrt. Das Urteil war natürlich die Todesstrafe und umfasste die Einziehung des gesamten Vermögens einschließlich der Frau und der Kinder.

Wenn nicht genug vorhanden war, wurde der Begriff ‚Vermögen' recht weiträumig ausgelegt, sodass auch schon mal die gesamte Verwandtschaft mit enteignet wurde. Die setzten sich nicht selten zur Wehr, und schon hatte Varus wieder einen klaren Verstoß gegen die römische Ordnung, die nur mit einer Todesstrafe gesühnt werden konnte.

Die Verhaftungen überließen die Römer bevorzugt ihren germanischen Hilfstruppen. Durch den Hass der einheimischen Bevölkerung auf diese Krieger wurden diese noch enger an die Legionen gebunden, wenn es auch immer wieder zu Desertionen kam."

Neele und Varus

Damit das Bild, das sich von der römischen Armee in Pitts Kopf formte, noch lebendiger werden würde, wollte er weitere Details in Erfahrung bringen.

„Wie lief das Leben im Sommerlager ansonsten ab?“

„Ganz normales Lagerleben. Damit keine Langeweile aufkam, wurden die Legionäre ständig mit irgendwelchen sinnlosen Übungen beschäftigt. Die Offiziere bekämpften ihre Langeweile durch gegenseitige Einladungen, bei denen heftig dem Trunke zugesprochen wurde“, erklärte Titus.

„Ganz normales Lagerleben, bis Neele kam“, lenkte Gerd auf den springenden Punkt.

„Wer ist Neele?“, wollte Pitt wissen.

Titus und Gerd seufzten tief und antworteten einstimmig: „Neele ist eine junge Frau.“

Es folgte eine lange Pause. Jeder hing seinen Gedanken nach.

„Sie ist unbeschreiblich schön, sie hat eine faszinierende Ausstrahlung, sie ist ausgesprochen anziehend“, fasste Titus seine Eindrücke zusammen.

Gerd ergänzte: „Wer sie sah, um den war es geschehen.“

„Beschreiben Sie die Neele doch mal!“, forderte Pitt.

Unwillig setzte Gerd zu Erklärungen an: „Titus sagte doch: unbeschreiblich schön. Sie war etwa 16 bis 17 Jahre alt, höchstens. Sie ging durch das Lager. Und wo bisher Trübsal geblasen worden war, eroberte gute Laune die Legionen. Alle wollten in ihrer Nähe sein, ein Lächeln von ihr erhaschen."

„Und, was ich noch nie erlebt habe: Niemand, wirklich niemand machte eine anzügliche Bemerkung", ergänzte Titus.

Pitt wunderte sich: „Woher kam denn die Neele? Junge Frauen hatten doch im Lager nichts zu suchen."

„Damals wussten wir nur: Sie kam irgendwo aus dem Dunstkreis von Arminius", erklärte Gerd. „Sie hatte jedenfalls jederzeit Zutritt zu ihm. Und er machte sich Sorgen. Darum bekam ich den Sonderauftrag: ‚Pass mal ein bisschen auf das Mädel auf!' Ich! Wenn ich Neele nur sah, war ich der glücklichste Mensch der Welt. Wenn sie auf mich zukam, bekam ich Schnappatmung, und wenn sie mich anlächelte, Herzkrämpfe. Und dann kam sie tatsächlich auf mich zu und fragte: ‚Na, alles klar, Gerd?'"

„Da bin ich mal gespannt, was Sie da geantwortet haben!" Pitt grinste in freudiger Erwartung.

„Wie soll man antworten bei Ohrensausen, Schwindelgefühlen und Herzstillstand? – Dann schien mein Todestag gekommen! Sie legte ihre Hand auf meine Schulter und sagte: ‚Gerd, ich brauche dich! Lass uns Freunde sein.'"

Titus spottete: „Ich weiß heute noch nicht, wie du das überlebt hast."

„Fast hätte ich gesagt: ‚Du siehst doch, dass ich noch lebe!' Aber im Ernst: Nach einer halben Stunde kam ein Offizier von einer Besprechung bei Arminius zurück. Er hatte die Szene wohl beobachtet und sprach: ‚Du kannst jetzt wieder anfangen zu atmen. Aber glaub mir, es geht uns allen so.'" Gerd seufzte.

„Und wie war es bei Ihnen, Titus?", fragte Pitt.

„Habe ich Ihnen doch eingangs gesagt. Germanien: Kälte, Regen, Nebel, Saufgelage, Streitereien – alles richtig. Aber niemand hat mir etwas von Neele gesagt."

„Eine geheimnisvolle Frau. Schade, dass ich sie nicht kenne!", bedauerte Pitt.

„Warten Sie ab ..."

Pitt seufzte nun auch.

„Hat Varus die Neele auch einmal gesehen?"

Titus und Gerd schlugen sich die Handwurzeln vors Gesicht.

„Erzähl du!", forderte Titus Gerd auf.

„Varus war zu einem der endlosen Gespräche bei Arminius gegangen. Eigentlich waren es wie immer eher Monologe des Varus. Neele wirbelte herein in einem leichten Sommernachtskleid, das nichts verhüllte. Die Leibgarde, die den Zutritt hätte verhindern sollen, stand in Grinsestarre vor der Tür. Neele sagte etwas zu Arminius. Er tadelte ihr Outfit. Aber man sah schon, dass er auch sehr stolz war. Dann sah sie Varus: ‚Hi, und wer bist du?'

Varus saß da mit offenem Mund. Er versuchte ihn zu schließen. Ging nicht. Das Zucken seines Kopfes war ihm peinlich, aber es war offensichtlich nicht abzustellen, der Schweißausbruch nicht zu verhindern. Endlich gelang es ihm, zumindest die Karikatur eines römischen Adligen darzustellen. Er löste die Verkrampfung seiner Finger und sagte mit tiefer Würde und zitternder Stimme: ‚Ich bin Varus, der Statthalter des römischen Kaisers für Germanien!‘

Neele lachte: ‚Na, dann halt ihn mal gut fest!‘

‚Wen?‘

‚Na, deinen *Statt*. Du hast doch gesagt, du seist ein Statt-Halter!‘

Varus bekam wieder den Mund nicht zu. Er fing an zu lachen und lachte und lachte. Seine römischen Begleiter lachten zunächst pflichtschuldigst mit. Dann lachte nur noch er. Und lachte. Und plötzlich stand er auf und sagte knapp zu Arminius: ‚Wir sehen uns morgen.‘

Ich hörte noch, wie ein Leibwächter zu seinem Nachbarn sagte: ‚Der ist hin!‘, und der andere antwortete: ‚Nein, der ist gerade geboren worden.‘“

„Dann bin ich mal gespannt, was Sie an diesem Abend noch kochen mussten!“, sagte Pitt zu Titus.

„Wie immer, wenn es stressig war: Pasta mit Öl und Knoblauch.“

„Wie bei meinem Toto im *Da Varus*, der kann auch nur Spaghetti aglio e olio.“

„Wie?“, fragte Titus. „Egal! Varus kam an diesem Abend hereingestürzt. Machte mir heftige Vorwürfe und wollte wissen, warum ich ihm von diesem Flittchen bisher nichts erzählt hätte!

Ich fragte: ‚Welches Flittchen?‘

‚Na diese, die bei Arminius ein- und ausgeht!‘

‚Die Neele?‘

‚Ja, so hat er sie angeredet.‘

Ich sagte deutlich: ‚Neele ist kein Flittchen!‘

Varus entgegnete gekränkt: ‚Sorry, wusste ja nicht, dass Sie mit ihr befreundet sind.‘

Ich entgegnete heftig, und so dreist war ich bei Varus sonst nicht: ‚Bin ich nicht, aber sie ist kein Flittchen!‘ Ich fürchtete ein bisschen seine Reaktion und dachte an die Nägel. Aber es kam nichts.

Er saß da, in sich gesunken, und sagte: ‚Sie weiß sehr wenig über Rom. Noch nicht einmal, was ein Statthalter ist. Da sollte ich ihr doch ein wenig über Rom erzählen! Ist ja sonst peinlich für sie, diese Wissenslücke.‘ Und dann sein Auftrag: ‚Arrangieren Sie doch mal, dass sie auf ein Glas Wein bei mir vorbeikommt.‘

„Fängt man nicht erst einmal mit einem Kaffee an?“ Pitt wunderte sich.

„Den hatten wir damals noch nicht“, erinnerte ihn Titus. „Aber dann ging’s weiter.

‚Wieso denn ich?‘, fragte ich Varus.

‚Na, du kennst doch diese Zecke von Arminius.‘

‚Zecke?‘

‚Na, der Arminius macht doch keinen Schritt ohne den. Der kann das doch bestimmt hinbekommen, dass diese Neele mich einmal besucht.‘“

„Und Sie kannten den Gerd wirklich gut genug, um eine solch geheime Mission an ihn heranzutragen?“ Pitt zweifelte.

„Gekannt haben wir uns schon gut genug, doch die Sache kam ganz anders“, erwiderte Titus.

Gerd fuhr fort: „Am nächsten Tag kam die Neele zu mir und meinte: ‚Du kennst doch diesen Koch des Varus ganz gut, diesen Dauergrinser. Kannst du nicht irgendwie arrangieren, dass ich an den Varus rankomme? Habe ja nun gelernt, dass er der Chef hier ist. Aber ich glaube, ich muss ihm mal etwas mehr über uns erzählen. Er hatte keine Ahnung! Aber sonst scheint der ganz nett zu sein.‘

‚Ganz nett?‘, fragte ich.

Neele drängelte: ‚Nun mach schon!‘“

„Wir verständigten uns danach wie üblich mit einem kurzen, schrillen Pfiff und wussten, dass wir, wenn möglich, zu unserem Treffpunkt gingen. Dort überfielen wir uns gegenseitig mit: ‚Kannst du …?‘ Natürlich konnten wir und wir wollten auch“, berichtete Titus.

„Für Neele hätten wir beide alles getan!“, rief Gerd.

„Du damals schon, ich erst etwas später, als ich sie besser kannte“, bestätigte Titus.

„Hat dieses direkte Zugehen auf den Varus nicht Neeles Ansehen geschadet?“, wollte Pitt wissen.

„In Germanien hatten die Frauen eine weitgehend, jedenfalls was die Beziehungen zu Männern anging, gleichberechtigte Stellung. Jenes Vorgehen war daher nicht ungewöhnlich, jedenfalls nicht für uns Germanen. Und viele waren sogar stolz, dass eine Germanin den Varus ins Bett bekommen hatte“, erklärte Gerd.

„So schnell ging das? Hat sie das denn wirklich?“ Pitt konnte es nicht glauben.

„Na ja, egal, irgendein Zwang wurde sicherlich zu keiner Zeit und von keiner Seite ausgeübt!“, meinte Gerd.

„In der römischen Literatur werden die Germanen als besonders sittenstreng geschildert: die Frauen als keusch, die jungen Männer als enthaltsam.“ So hatte es Pitt gelesen.

„Und wie schildern uns die römischen Literaten noch?“, fragte Gerd.

„Na, das Übliche: Ihr wäret streit- und raufIustig, hinterhältig und spielsüchtig, verlogen und trinkfest.“

„Also, alle Laster dieser Welt sollen wir haben, aber das Schönste aussparen? Damit wollte er wohl seine Frau an die Leine legen“, vermutete Gerd.

„Wahrscheinlich ist seine Alte in Rom fremdgegangen, und er wollte ihr gute Vorbilder vorhalten", sagte Titus.

„Wie sich Neele verhielt, war also nicht so ungewöhnlich?", fragte Pitt.

„Neele war ungewöhnlich, nicht ihr Verhalten", antwortete Gerd.

„Varus hatte direkt an der Weser sein Kriegszelt aufschlagen lassen, um nachts ein wenig Frische trotz der seit Tagen herrschenden Schwüle zu bekommen. Die Leibwache hatte sich befehlsgemäß zurückgezogen. Nur wir beide durften in der Nähe bleiben – ich, weil ich die beiden ja verpflegen musste, und Gerd, weil er sich in Arminius' Auftrag um die Neele kümmern sollte", ergänzte Titus.

„Und was gab's denn zu essen?", fragte Pitt, der Hunger verspürte.

„Pasta mit Knoblauch und Öl", antwortete Titus.

„Varus hat tatsächlich akzeptiert, dass Sie, Gerd, auch in der Nähe waren?" Das konnte Pitt gar nicht glauben.

„Varus hatte schon früh gemerkt, dass ich schweigen konnte – wenn es nichts politisch Wichtiges war, auch gegenüber Arminius", erwiderte Gerd nicht ohne Stolz.

„Wie lange mussten Sie denn vor dem Zelt hocken?", fragte Pitt.

„Zunächst einmal passierte zwei Tage und Nächte lang so gut wie nichts, wenn man die Tatsache, dass die beide nicht aus dem Zelt herauskamen, als ‚nichts' bezeichnen kann. Nur entsprechende

Geräusche und verliebtes Gekicher drangen mitunter nach draußen."

„Waren Sie beide denn da nicht eifersüchtig? Sie haben doch erzählt, dass Sie die Neele auch liebten!", staunte Pitt.

„Wir liebten sie unendlich!", bestätigte Titus. „Aber sie war für uns unerreichbar. Trotzdem hätten wir unser Leben dafür gegeben, dass es ihr gut geht."

„Und ging es ihr gut?"

„Offensichtlich. Meine Pasta wurde kaum angerührt. Nach zwei Tagen trat plötzlich Stille ein. Bevor wir uns Sorgen machen konnten, steckte Neele den Kopf aus dem Zelt und sagte zu mir: ‚Sag mal, Titus, der Varus hat mir erzählt, dass du so kraftspendende Suppen kochen kannst, die Tote zum Leben erwecken können!'

Mir fuhr der Schreck in die Glieder: ‚Mein Gott ist er tot?'

‚Nein, nein! Aber so ein Süppchen wäre im Moment nicht schlecht. Und ehrlich, ich würde auch gern davon kosten!'

Eine halbe Stunde später zerrte mich Varus zur Seite: ‚Sag mal, diese Suppe, die du mir damals auf der Latrine gekocht hast, kannst du die noch?'

‚Klar!'

‚Dann koch die bitte für Neele und, na ja, auch eine Schüssel für mich.'

Nachdem die beiden offensichtlich wieder zu Kräften gekommen waren, kam Neele zu uns und bat uns, das Zelt etwas aufzuräumen. Sie würde jetzt mit Varus einen kleinen Spaziergang entlang der Weser machen. ‚Pass auf, dass der Varus nicht ins Wasser fällt!‘, sagte ich zu ihr.

‚Wir werden zusammen ein wenig in der Weser baden. Ich passe schon auf ihn auf, denn ich kann sehr gut schwimmen.‘

Wir gingen gemeinsam in das Zelt. Drinnen sah es furchtbar aus: als wenn Diebe etwas gesucht, aber nicht gefunden hätten. Aber plötzlich merkten wir, dass ein seltsamer Geruch in der Luft lag. Und es war im Zelt auch etwas nebelig.

Als wir den Nebel einatmeten, passierte irgendetwas mit uns. Wir hatten plötzlich das dringende Bedürfnis, uns zu umarmen, und das taten wir auch. Dann verspürten wir den dringenden Wunsch, uns auszuziehen und uns nackend an den Partner zu schmiegen.

Die Eskalation nahm ihren Lauf. Wir waren wie von Sinnen und genossen allerhöchstes Liebesglück. Dabei taten wir Dinge, an die wir vorher noch nicht einmal im Traum gedacht hatten.“

Pitt unterbrach die Schilderung: „Das glaub ich nicht! Sie wurden ein Liebespaar? Wie weit ging denn die Geschichte?“

„Bis zum Höhepunkt und wieder zurück – und das mehrmals.“ Gerd schwelgte in Erinnerungen. „Vielleicht würden wir uns heute noch in dem Zelt wälzen, aber dann kam Neele herein. Sie lachte kokett und sagte: ‚Das nächste Mal möchte ich aber mitmachen. Aber im Ernst, der Varus kommt gleich. Räumt bitte ein wenig auf, und wischt euren Liebessaft weg.'"

Titus fuhr fort: „Ich bat Neele auf Knien, uns doch von dem Räucherzeug etwas abzugeben oder sogar zu sagen, wie man es herstellt.

‚Das Rezept ist von meiner Großmutter', sagte Neele, ‚und es wird nur an die Frauen in der Familie weitergegeben. Vielleicht gebe ich euch etwas davon, wenn wir über den Rhein sind. Bis dahin brauche ich die Vorräte für Varus und mich. Ihr müsst jedoch wissen: Wenn man das Kraut bei Männern anwendet, verbrauchen diese sehr viel Lebensglück. Es kann sein, dass man irgendwann später nicht mehr genug Glück hat. Passt also auf euch auf! Und nun raus mit euch!'"

„Nachdem wir etwa eine Stunde an der frischen Luft gewesen waren, kamen wir wieder zur Besinnung", sagte Gerd. „Wir schämten uns. So etwas hatten wir uns nicht vorstellen können. Aber nach einer weiteren Stunde sagten wir uns, dass wir etwas Wunderbares erlebt hätten. Niemand dürfe das je erfahren, aber uns beiden sollten diese Stunden in ewiger Erinnerung bleiben. Und dieses Ereignis war der Beginn unserer tiefen Männerfreundschaft."

Arnulfs große Feier

Pitt schwieg und staunte.

„Und die Freundschaft hat bis heute gehalten, wie man sieht", konstatierte er.

„Sie hat sich in den nächsten Tagen schon bewährt", sagte Gerd.

„Arnulfs neues Hauptgebäude war fertig geworden. Es war 20 Meter lang, sechs Meter breit mit einem großen Wohnraum und offenen Stallungen für 16 Rinder. Damit gehörte es – standesgemäß – zu den größten der Region.

Es bestand aus einem Holzgerüst, bei dem die Dachbalken von zwei Säulenreihen im Hausinneren getragen wurden. Die Wände waren aus lehmbeworfenem Flechtwerk gebildet, das Dach bestand aus in der Wesermarsch gewonnenem Schilf.

Allerdings gab es keine Unterteilung in Einzelräume, das heißt, Arnulfs gesamte Familie mit vier Söhnen, deren Frauen und zwölf Enkel dazu zwei unverheiratete Töchter, die verwitwete Schwester seiner verstorbenen Frau, die ihm den Haushalt führte, vier Knechte und fünf Mägde und deren Kinder hielten sich zumindest bei schlechtem Wetter, nachts und im Winter stets im gleichen Raum auf. Privatsphäre war vollkommen unbekannt: Von der Zeugung bis zum Tod war man bei Arnulf, wie bei vielen germanischen Stämmen üblich, stets von anderen Menschen umgeben.

Als Sitz- oder Schlafgelegenheiten dienten fellbedeckte Podeste an den Wänden. Das Essen nahm man von einem kleinen Tisch ein, den man nach Ende der Mahlzeit aufhob und wegstellte. Möbel gab es nicht – bis auf einen Stuhl für Arnulf und einige Holzkisten für Geschirr und häusliche Werkzeuge.

Nach seinem Besuch bei Varus in dessen Schloss hatte Arnulf sechs Liegen zimmern lassen, auf denen man nach römischer Sitte sein Mahl einnehmen konnte

Natürlich wurde die Fertigstellung des Haupthauses gebührend gefeiert. Arnulf lud dazu seine gesamte Sippe ein, die wäre aber auch so gekommen, sowie befreundete Clanchefs. Als Gegeneinladung zu dem Empfang auf der *Insula le Syringa* lud er zudem Varus mit seinem Offizierskorps ein.

Letztere zögerten zunächst. Aber da Arminius und insbesondere seine aus dem – wenn auch linksrheinischen – Germanien stammenden Offiziere in fast voller Stärke von sieben Mann begeistert zusagten, folgten auch Varus und die Führungsmannschaften der XVII. und XVIII. Legion, wenn auch nur mit je vier Offizieren, der Einladung. Hinzu kam natürlich noch der Begleitschutz, der sich aber schnell unter die germanischen Gäste mischte.

Arnulf hatte Varus gebeten, Titus für das Gastmahl als Berater abzustellen. Arminius schickte mich als Dolmetscher für Titus mit.

Die Feier begann schon am frühen Morgen. Das neue Haus wurde besichtigt, war aber eher nebensächlich. Wie bei jeder Feier trug diese sich nach einiger Zeit selbst. Warum man feierte, geriet schnell in Vergessenheit. Die Gäste hielten sich unter freiem Himmel beziehungsweise unter den ausladenden Baumkronen der alten Linden und Buchen auf, die den gesamten Hof umrahmten.

Von den römischen Gästen kam als erster Arminius mit seinen Offizieren. Für die geladenen Clanchefs und die Offiziere hatte Arnulf unter helfender Beratung des Titus aufgefahren, was das römische Herz begehrte.

Am Spieß wurden Ferkel, Lämmer und Ziegen sowie einige in der Nacht zuvor erlegte Wildschweine gebraten. Dazu gab es frisch mit Quellwasser gebrautes Bier! Titus hatte Gewürze mitgebracht. Da es Arnulf nicht teuer genug sein konnte, gab es indischen Pfeffer und Salz von der gallischen Atlantikküste. Das wuchs dort angeblich auf den Meeresfelsen. Titus veredelte germanischen Getreidebrei zu Pasta.

Auch gab es Fladenbrot mit Tomaten oder deftige Erbsen-, Bohnen- und Linsen-Eintöpfe mit Lauch, Koriander, Kümmel, Pfeffer, Liebstöckel, Dill, Basilikum, Fischsauce und Wein gewürzt, dazu eine salzig schmeckende Soße aus vergorenem Fisch. Letztere wurde allerdings von den Germanen gemieden.

In diesem Jahr waren die Lachse schon früh flussaufwärts gezogen. Absoluter Höhepunkt waren daher frisch gefangene Lachse, die man filetierte, auf Holzbretter nagelte und ans Feuer stellte: mit Salz bestrichen – eine absolute Delikatesse.

Wein wurde mit Wasser verdünnt und mit Honig gesüßt gereicht.

Die Mahlzeit wurde dank der neu gezimmerten Bänke auch bei Arnulf im Liegen eingenommen. Da er nur sechs Liegen hatte, waren diese für Varus, die drei kommandierenden Generäle einschließlich Arminius sowie zwei Clanchefs vorbehalten. Es war schon Arnulfs Absicht, seine angrivarischen Clanchefs den Generälen gleichzustellen. Er selbst blieb auf seinem ‚Thron' sitzen. Auch das sollte wohl ein Zeichen sein.

Das Ganze hatte ihn ein Vermögen gekostet. Er hatte zwei Jungbullen dafür verkaufen müssen. Der Wein war allerdings recht preiswert, da er auch den uns bekannten und mit Arnulf befreundeten Weinhändler eingeladen hatte, der zur Freude Arnulfs seine Frau Alsuna mitgebracht hatte. Sie ging den Frauen bei der Zubereitung der Getränke zur Hand."

„Wie reagierten eigentlich die römischen Offiziere, die sicher bisher nicht so direkt mit dem germanischen Leben konfrontiert worden waren?" Das interessierte Pitt nun sehr.

„Die Offiziere der XIX. Legion waren bis auf eine Ausnahme gebürtige linksrheinische Germanen. Diese interessierten sich insbesondere für das Haus. Und sie erinnerten sich an ihre Kindheit: ‚Bei uns war das genauso oder nicht so oder ganz anders, auf jeden Fall schöner.' Auch bewunderten sie die kräftigen und gepflegten Rinder. Das machte Arnulf besonders stolz.

Die römischen Römer waren entsetzt. Mit den Kühen unter einem Dach sollte man essen! Wahrscheinlich würde ihnen jetzt Viehfutter vorgesetzt werden. Dabei waren die Kühe von den Knechten vorher gewaschen worden und hatten alle Blumengebinde zwischen den Hörnern. Die wirklich köstlichen Speisen – Titus sei Dank! – und der übermäßig angebotene, mit Honig gesüßte Wein – Alsuna sei Dank! – versöhnte sie wieder.

Varus gab frühzeitig Kopfschmerzen vor, denn Neele wartete. Außerdem konnte er seine Abneigung gegen die germanische Lebensart, die er als unzivilisiert und barbarisch bezeichnete, nicht verbergen. Das überhörte Arnulf und schluckte die tiefe Verletzung als guter Gastgeber hinunter.

Varus wies seine Leibwache an, aus diplomatischen Gründen weiter an der Feier teilzunehmen. Diese Männer waren sehr erfreut, waren es doch, außer ihrem Oberst, alles Germanen. Nachdem Varus gegangen war, lösten sich auch bei manchem Offizier Verklemmungen, und man entschied sich, den Abend auch in Gesellschaft der Rindviecher nun doch schön zu finden.

Inzwischen hatte die Volksfeststimmung das Innere des Hauses erreicht. Dabei konnten die römischen Offiziere feststellen, dass die germanischen Moralvorstellungen deutlich von dem abwichen, was man ihnen in Rom erzählt hatte. Das fanden sie nicht unangenehm.

Arnulf ließ sich gerade von einer schönen Magd verwöhnen. Er machte seine Gäste auf deren einladenden Hintern aufmerksam, den sie ohne Scham unbedeckt der Gesellschaft zeigte. Da schoss aus dem Hintergrund Arnulfs Schwägerin herbei und verpasste der Magd eine heftige Schelle, worauf diese sich wieder um die Gäste kümmerte. Der strafende Blick der Schwägerin machte Arnulf kurzzeitig wieder nüchtern.

Der doch schon mehr als leicht angetrunkene General Cicero der XVIII. Legion tatschte einer drallen Magd jedes Mal, wenn sie neue Getränke brachte, unter dem Gejohle der Umstehenden an ihren ansehnlichen Busen. Als er sich nach seinem heruntergefallenen Helm bückte, revanchierte sie sich und griff ihm von hinten kräftig zwischen die Schenkel. Er fuhr hoch, stieß sich den Kopf an einer Liege und wurde ohnmächtig.

Der Magd gelang es, ihn mit einer speziellen Form der Mund-zu-Mund-Beatmung unter gleichzeitiger Beckenmassage in das Leben zurückzuholen. Cicero entschied, sich nunmehr ausschließlich auf ein Laster, nämlich das Saufen, zu konzentrieren. Er wurde später, im warmen Stroh schlafend, zwischen den Kühen gefunden. Dort war er wohl vergessen worden. Aber unter den Germanen war sein Ansehen gestiegen.“

Eine schöne Keilerei

Gerds Kiefer knackte ein wenig; das lange Erzählen hatte ihn doch sehr angestrengt.

„Inzwischen hatte sich draußen eine heftige Keilerei entwickelt. Klare Fronten gab es nicht, man haute eben drauf – und traf dabei auch den einen oder anderen Legionär. Die mischten allerdings auch kräftig mit, waren sie doch im Faustkampf geschult. Aber mit 1,5 Promille vergisst man vielleicht einige Trainingseinheiten.

Als der Morgen graute, wachte auch Arnulf auf. Er war vor drei Stunden kichernd auf seinem Stuhl eingeschlafen. Zunächst sah er, dass zwei seiner neuen Liegen völlig zertrümmert waren, danach, wie der General Cicero, gestützt von zwei Mitgliedern aus Varus' Leibwache, aus dem Haus wankte.

‚Pack bleibt eben Pack', grummelte der Oberst der Leibwache. Cicero hatte ihm angeblich einmal eine Beförderung mit einer schlechten Beurteilung vermasselt. Und Cicero war im Gegensatz zu ihm ein Emporkömmling. Er war als ehemaliger Sklave und Gladiator von einer adeligen Familie adoptiert worden und hatte durch deren Förderung in den Legionen schnell Karriere gemacht.

Diese Umstände meinte der Oberst unbedingt jetzt zwei angrivarischen Clanchefs zum Besten geben zu müssen – die es am nächsten Tag dem Cicero steckten. Dessen Antwort ‚Wenn der noch lange lebt, hat er viel Glück gehabt!' wurde natürlich sofort dem Oberst geflüstert. ‚Wir werden sehen', lauteten dessen finstere Gedanken.

Draußen waren immer noch einige Gäste. Manche humpelten, manche hatten ein oder auch zwei blaue Augen.

‚Mann, Arminius', rief Arnulf diesem zu, ‚das war doch eine tolle Feier!'

‚Schuper', bestätigte Arminius lallend."

„Wie seid ihr beide eigentlich davongekommen?", wollte Pitt wissen.

Titus nahm das Wort: „Gerd hatte mir schon vorher gesagt, wie so eine Feier regelmäßig abläuft. Darum haben wir uns zunächst bei den Getränken zurückgehalten, um uns dann einen Scheinkampf zu liefern. Wir taten so, als würden wir uns heftig prügeln. Dann griffen die anderen Raufbolde nicht ein. Gut getrunken haben wir dann auch noch. Alsuna hatte noch eine Amphore mit dem besten Wein zurückgehalten."

Pitt sinnierte: Gab es nicht auch in Totos Kneipe hin und wieder Gäste, die, einmal über den Durst getrunken, Streit anfingen und Anstalten machten, das Mobiliar zu zerlegen?

„Es darf aber nicht vergessen werden, dass das Ganze noch ein Nachspiel hatte", fuhr Titus fort.

„Als Varus von dem Ausgang der Feier und der Prügelei hörte, ließ er sofort die Generäle kommen und verlangte, dass die germanischen Schläger abgeurteilt werden müssten! ‚Kein Germane schlägt ungestraft meine Legionäre.' Er befahl dem General Cicero, sofort die Schuldigen, die ihm ja bekannt sein müssten, zu verhaften.

Das war dem Cicero denn doch peinlich. Er ließ über Gerd und mich Arnulf warnen. Dieser schickte sofort seine gesamte männliche Jugend in den Wald, um sich zu verstecken. So schaffte es das übereifrige Greifkommando der germanischen Hilfstruppen nur, zwei Jugendliche zu erwischen, die gemeint hatten, im Dorf bei ihren Liebsten sei es sicherer. Aber auch unter den Germanen gab es Verräter.

Bei der folgenden Gerichtsverhandlung wurden drei römische Legionäre als Zeugen geladen, die jedoch einmütig beschworen, dass von den beiden keiner dabei gewesen sei, wenn auch ein Legionär aus seinem nicht zugeschwollenen Auge den größeren der beiden jungen Männer sehr böse ansah.

Die drei Zeugen wurden bei der Auflösung des Sommerlagers von den Angrivariern in einen Hinterhalt gelockt und entführt. Das fiel bei der Hektik nicht auf: Man meinte, sie seien beim Weserübergang ertrunken. Jahre später haben wir einen der drei in Köln wiedergetroffen. Er bat uns, Arnulf Grüße auszurichten."

Verzögerung des Aufbruchs

Jetzt hatte Pitt also Einblicke in die Art der Germanen und Römer, miteinander zu „feiern“, bekommen: Trinkgelage und Raufereien. Zivilisiert wirkte das nicht gerade auf ihn. Daher versucht er das Thema zu wechseln.

„Wie weit war man mit der Bernsteinsteuer?“

„Es passierte so gut wie nichts“, erwiderte Titus. „Die Generäle waren schon sehr nervös. Die wollten rechtzeitig zurück an den Rhein und meinten, dass Neele schuld daran sei, dass Varus nicht aufbrechen wollte. Dabei waren die beiden sich einig, dass Neele mit zum Rhein gehen würde.

Der wirkliche Grund der Verzögerung war, dass Varus auf den Bernstein wartete, den Arminius bei den Germanen eintreiben musste – natürlich als Gegenleistung für den Schutz, den die Römer ihnen – ja, vor wem eigentlich? – gewährten.“

„Es ging um eine große Menge des Bernsteins, nicht wahr?“, fragte Pitt.

Gerd bestätigte dies: „Es war aus Sicht der Germanen ein unvorstellbares Vermögen. Arminius war beauftragt worden, diese Menge von den Germanen einzutreiben – für Varus. Denn der musste schließlich die gesamten Militärausgaben aus eigener Tasche vorstrecken, und die Germanen sollten ihm diese Kosten ersetzen. Dass er natürlich auch einen kleinen Überschuss für sich erwartete, versteht sich von selbst.“

„Arminius als römischer Steuereintreiber! Das muss ihm nicht so richtig gefallen haben“, vermutete Pitt.

„Durch die Ernennung zum römischen General war Arminius zunächst einmal wieder Römer“, erklärte Gerd. „Er hatte Varus vergeblich darauf hingewiesen, dass es westlich der Elbe kaum Bernstein gebe. Also musste getauscht werden. Ganze Viehherden wurden gegen Bernstein getauscht. Die Entwicklung des Landes wurde um viele Jahre zurückgeworfen.

Arminius wies wieder einmal vergebens darauf hin, dass sein Ansehen bei den Germanen im Allgemeinen und bei den Cheruskern insbesondere schweren Schaden nehmen würde. Schließlich sei er von den Clan-Chefs der Cherusker gewählt worden.

Das Thema gefiel Varus gar nicht. Er herrschte Arminius an: ‚Du bist gewählt worden, weil wir Römer es so wollten! Und wenn wir nicht mehr wollen, warst du die längste Zeit Fürst der Cherusker.‘“

„Varus nahm Arminius also seinen Stolz, oder wie muss man das verstehen?“, fragte Pitt genauer nach.

„Auf jeden Fall wollte er die Hierarchie deutlich machen. Er sagte, wo es langging, und zwar absolut – bei aller Wertschätzung für den Arminius“, antwortete Gerd.

„Diese Wertschätzung nahm Arminius aber wohl anders wahr!“ Pitt dachte sich in Arminius hinein.

„Er war ja inzwischen römischer General“, meinte Titus. „Und als Soldat war er gewohnt, Befehle auszuführen, ohne groß darüber nachzudenken.“

„Aber es war schon eine Veränderung bei ihm eingetreten“, bemerkte Gerd: „Er wurde nachdenklicher. Und was ich in dieser Zeit noch nicht richtig einschätzen konnte: Mein Vater kam ins Lager – offiziell, um mich zu besuchen. Er tauschte sich viel mit Arminius aus und führte auch Gespräche mit Arnulf.“

„Braute sich da etwas zusammen?“

Gerd bestätigte dies: „Im Nachhinein betrachtet war das wohl so.“

„Wurde es nicht wirklich Zeit, den Rückweg nach Xanten anzutreten?“, fragte Pitt.

„Die Generäle drängten schon lange. Varus wollte aber unbedingt die Ankunft des Bernsteins abwarten. Wie ihm seine Späher berichteten, hatten die germanischen Stämme tatsächlich zwei Tonnen Bernstein zusammengetragen.

Damit hatte er nicht nur das Sommerlager finanziert, sondern es blieb ihm auch noch einiges über. Und auch für den Kaiser konnte er etwas tun. Denn an fast allen Grenzen des Römischen Reiches brannte es. Der Kaiser brauchte Geld, und wenn man ihm etwas gab, war das sicherlich gut für die eigene Karriere. Die Generäle waren jedoch der festen Ansicht, dass Varus nur wegen Neele nicht starten wollte. Den Bernstein konnte man doch auch nach Haltern bringen lassen.“

„Im Nachhinein betrachte ich es einmal als eine Kriegslist“, meinte Gerd. „Arminius setzte alles daran, dass Varus noch im Sommerlager blieb. Den weiteren Weg des Bernsteins sollte man auf keinen Fall den Germanen überlassen. Der Rückweg sei schon sehr schwierig und der Bernsteintransport dort leicht anzugreifen. Hingegen würde niemand wagen, die römischen Legionen anzugreifen.“

Die Abschiedsfeier

Pitt musste an die Bernsteinkette seiner Mutter denken – was für ein Trara wurde um dieses Harz aus Urzeiten gemacht, besonders, wenn es Einschlüsse wie Pflanzenteile oder kleine Insekten enthielt! Dass schon die Römer danach gesucht hatten, war ihm neu.

„Ja, und dann hieß es plötzlich, in zwei Tagen gehe es los", setze Titus fort. „Große Freude überall – bei den Legionären, dass es nach Hause ging, bei den Einheimischen, dass man die Legionäre loswurde. Aber ein bisschen Wehmut war auch dabei. Es hatten sich schon viele Freundschaften und mehr gebildet.

Es ging wie ein Lauffeuer durch das Lager und die umliegenden Orte: ‚Heute Abend machen wir große Lagerfeuer, und alle Vorräte an Wein und Bier sind herbeizuschaffen.' Organisiert wurde das Ganze von der XIX. Legion, die ja zu einem Teil aus linksrheinischen germanischen Legionären bestand, und den cheruskischen Hilfstruppen.

Und wenn man auch sonst vielleicht nichts Gutes über die Germanen sagen will: Wenn's ums Feiern geht, ist ihnen keine Arbeit zu viel. Fass um Fass wurde Bier herbeigeschafft, in Tonkrügen irgendein hochprozentiges Gesöff und natürlich von den Legionen Amphoren mit herrlichem Wein. Woher kam plötzlich der Wein? Und das in solchen Mengen! Im Lager war er immer knapp gewesen, sodass ich häufig aus meiner Küche die eine oder andere Amphore an gute Freunde weitergeben musste."

„Das hört sich ja wirklich nach einer gelungenen Feier an. Wer wurde alles geladen? Nahmen die Germanen auch teil?“, fragte Pitt.

„Na, die Söldner aus den Legionen und die germanischen Hilfstruppen sowieso. Dann kam der Tross dazu, der auch einiges an Getränken und köstlichem Schinken beitragen konnte. Zudem hatte man natürlich Arnulf und einige weitere Clan-Chefs mit Anhang geladen, um sich für die, wenn auch unfreiwillige, Gastfreundschaft zu bedanken“, erzählte Gerd.

„Es gab noch einen glücklichen Umstand“, warf Titus ein. „Varus hatte wegen des verzögerten Rückzugs noch einmal Proviant geordert, und die Dickschiffe kamen genau am Nachmittag aus Bremerhaven an. Der Proviant bestand allerdings weitgehend aus römischem Schmuck und Kleidungsstücken sowie wiederum diversen Amphoren Wein. Letzteres, weil die Kapitäne wussten, was die Legionäre jetzt brauchten: Sie hatten keinen Hunger, sie hatten Durst. Die ersteren Materialien hatte man zum Tauschen mitgebracht. Denn es hatte sich bis nach Bremerhaven herumgesprochen, dass im Lager große Mengen Bernstein erwartet würden. Da würde sicherlich der eine oder andere Sack beschädigt werden.“

„Ich dachte, sie wollten feiern und keinen Basar aufmachen!“, rief Pitt.

„Es wurde gefeiert, wie ich es noch nie erlebt habe“, erwiderte Gerd. „Es waren ja Tausende Menschen, die zunächst getrennt nach Legionen, Tross und den Offiziellen feierten. Nach etwa zwei Stunden hatte der Alkohol seine Wirkung getan. Und wie auf ein geheimes Kommando kamen aus den Wäldern auch die Einwohner hinzu. Waren das viele! Wo waren die alle zuvor gewesen?“

Titus ergänzte: „Es wurde gesungen, zunächst sang abwechselnd nach Sprachen jeder seine eigenen Lieder, dann versuchten alle gemeinsam, römische, germanische, griechische und keltische Lieder anzustimmen.“

„Eindeutiger Sieger des Abends war jedoch ein römisches Lied. Es hieß irgendwas mit Liebe, Frauen und Heimkehr“, sagte Gerd.

Beide summten die Melodie.

„Mein Gott, das kenne ich! Das ist der Chor der Gefangenen aus *Nabucco*. Also hat auch schon der Verdi abgeschrieben!“, entfuhr es Pitt.

„Wir waren wirklich eine große Gemeinschaft. Für diese eine Nacht waren wir alle Freunde. Eine Woche später haben wir uns die Schädel eingeschlagen.“ Titus schüttelte den Kopf und konnte es nicht fassen.

„‚Wo man singt, da lass dich ruhig nieder. Böse Menschen haben keine Lieder“

„Nicht die Menschen sind böse, der Krieg ist es. Der Krieg ist die dümmste Erfindung der Menschheit“, entgegnete Titus.

Pitt wollte von dieser Trübsinnigkeit ablenken und fragte: „Waren auch Arminius und Varus bei der Feier?“

„Nein“, erwiderte Titus, „keiner von beiden; auch kein anderer General. Sie hatten nur kurz Arnulf und seine Clan-Chefs begrüßt, mit ihnen angestoßen und waren dann verschwunden. Das machte den Angrivariern nicht viel aus. Sie haben dann eben mit uns gefeiert.“

„Die Feier war kurz nach Mitternacht zu Ende. Es zog ein fürchterliches Gewitter auf, das bis in den Morgen hinein andauerte. Es war so heftig, dass auch die völlig Betrunkenen wieder aufwachten oder gar nicht erst schlafen konnten. Und es fing an zu regnen und es wurde richtig kalt.“, erinnerte sich Gerd.

„Ich bekam noch eine heftige Rüge von Varus, obwohl er mir freigegeben hatte. Er hatte Hunger, und ich war nicht in der Lage zu kochen. Neele half aus und nahm mich erfolgreich gegen die Vorwürfe des Varus in Schutz. Es hätte sonst böse ausgehen können“, ergänzte Titus.

Der noch einmal verschobene Aufbruch

Pitt überlegte, welche Ausstrahlung diese Neele gehabt haben musste, dass ihr selbst Varus so verfallen war und sich umstimmen ließ, und welche Macht sie dadurch besaß.

„Und am nächsten Tag begann dann der Rückmarsch?“, fragte er.

„Zur Enttäuschung aller eben nicht“, antwortete Titus. „Es gab eine Krisensitzung mit Varus und allen Offizieren. Diese drängten erneut zum Aufbruch. In der letzten Nacht war der Pegel der Weser um 30 Zentimeter angestiegen. Noch konnte man durch die Furt übersetzen, aber es regnete nach wie vor. Varus bestand darauf, die Ankunft des Bernsteins abzuwarten.

Arminius hatte ihm garantiert, dass der Transport in zwei, längstens drei Tagen da sein werde. Varus befahl der XVIII. und XVII. Legion, bereits jetzt auf die andere Weserseite überzusetzen. Dann müsse man dort in sehr schlammigen Gelände allerdings auf die XIX. Legion warten. Ein Teil der XIX. setze dann auch mit über, jedoch nur ein Teil Fußtruppen und der Tross.

Arminius blieb mit etwa 1 000 Legionären und 400 cheruskischen Reitern auf der östlichen Weserseite. Es dauerte weitere zwei Tage, bis der Transport mit dem Bernstein eingetroffen war. Angeblich war man durch angreifende kriminelle Banden aufgehalten worden.

Es regnete ununterbrochen weiter. Jetzt wurde es auch Varus mulmig, denn aus dem kleinen Sommerflüsschen war schon ein richtiger Fluss geworden, der bereits sein Holzschlösschen erreichte.

Er traf darum die Entscheidung, dass ein Oberst mit 900 Elitesoldaten der XVII. auf der linken Weserseite absichern und Arminius mit 800 Legionären und seinen 400 Reitern der Cherusker das Übersetzen des Bernsteintransports überwachen sollte. Weitere 200 Legionäre sollten das Sommerlager abbrennen und auf jeden Fall unbrauchbar machen.

Es dauerte noch einen weiteren Tag, da die römischen Verwaltungsbeamten natürlich erst einmal genau prüfen mussten, ob es wirklich die zwei Tonnen erwarteten Bernsteins waren. Dieser wurde zu je einem Doppelzentner in zwei Säcke aus Tierfellen umgepackt und verplombt. Diese Säcke wurden auf insgesamt 20 Mulis verladen, und dann ging es los."

„Wenn es doch ständig regnete, war denn die Furt überhaupt noch passierbar?", fragte Pitt.

„Man muss sich das so vorstellen", erklärte Gerd, „dass die Weser dort, wo die Furt war, aus drei Weserarmen bestand, von denen bei Niedrigwasser keiner breiter als 150 Meter und sehr flach war. Jetzt hatten sich allerdings zwei Arme durch das Hochwasser bereits vereinigt. Die Pioniere hatten in das Flussbett starke Pflöcke eingeschlagen, an die sie Seile über den Fluss gespannt hatten. An diesen konnte man sich festhalten. An einigen Stellen der Furt war das Wasser tatsächlich schon 1,30 Meter hoch, dachten wir."

Marschland beim Sommerlager mit einem von drei Weserarmen. Links das Steilufer vor dem Lager

Der Bernsteintransport

Pitt saß da und dachte an die vielen Hochwasser des Rheins und schaute gedankenverloren in die Ferne. Als sich Gerd und Titus verwundert anschauten, rief er sich zur Ordnung und setzte die Befragung fort.

„Wie waren die Planungen zum Abtransport des Bernsteins?“

„Natürlich war, wie bei den Römern üblich, alles perfekt organisiert“, erklärte Gerd. „Arminius mit seinen Reitern sollte zunächst die Furt passieren und Untiefen markieren. Dann kamen die Mulis mit dem Bernstein. Jedes Muli wurde von vier Fußsoldaten und vier Reitern eskortiert. Dazu kam noch derjenige, der den Muli am Zaumzeug führte. Auf der Ostseite der Weser waren 800 Legionäre, die in perfekter Kriegsordnung den Übergang deckten. Die Nachhut sollten die 200 Legionäre bilden, die das Lager abfackelten.“

„Wir warteten schon zwei Tage im aufgeweichten Marschland“, berichtete Titus. „Varus machte seinen Generälen heftige Vorwürfe, dass sie ihn durch falsche Wetterprognosen in dieses Matschloch gelockt hatten. Denn natürlich regnete es immer noch – ununterbrochen, und es war kalt.“

„Das waren schwierige Bedingungen“, gab Pitt zu. „Verlief denn der Bernsteintransport über die Weser einigermaßen reibungslos?“

„Eben nicht!“, rief Gerd. „Arminius war mit seinen Reitern schon in Richtung Varus aufgebrochen, als wir aus etwa eintausend Meter Entfernung ein großes Geschrei hörten. Wir drehten sofort um, da wir trotz aller guten Aufklärung einen Angriff krimineller Banden vermuteten. Es wurde uns dann jedoch etwas anderes berichtet.

Dazu muss man sagen, dass Bernstein ja nicht sonderlich schwer ist. Es schwimmt im Salzwasser und versinkt nur ganz langsam im Süßwasser. Man hatte die Transportsäcke allzu gut vernäht und sie sehr fest an die Mulis gebunden. Die Weser war in einer Stunde um weitere 20 Zentimeter angestiegen. Bei der Wassertiefe von nunmehr fast eineinhalb Metern begann man mit dem Übersetzen. Zuerst schien alles gut zu gehen. Die ersten vier Mulis erreichten das westliche Weserufer.

Wir wissen nicht, ob die Weser weiter gestiegen war oder die Mulis kleiner waren als die ersten vier. Viele Mulis trieben jedenfalls auf und die Weser hinunter. Die durch die aufgequollenen Ledernähte luftdicht verschlossenen Säcke wirkten wie Schwimmreifen. Verzweifelt versuchten einige Legionäre, sich an den Mulis festzuhalten. Aber schwimmen konnten nur wenige. Mindestens 400 Legionäre ertranken bei dem Rettungsversuch. Hinzu kam, dass die meisten Mulis das Gleichgewicht verloren und mit den Hufen nach oben die Weser hinuntertrieben. Als wir dort ankamen, konnten wir nur noch neun Mulis entdecken, die erfolgreich mit ihrer Ladung die Furt passiert hatten."

„Das ist der Wahnsinn! Da sind ja Millionen Werte die Weser hinuntergetrieben! War wirklich nichts mehr zu machen?", fragte Pitt ungläubig.

„Arminius schickte sofort 200 seiner Reiter die Weser stromabwärts. Es zeigte sich jedoch, dass die Sache von den Germanen am Ostufer sehr genau beobachtet worden war. Die Reiter konnten zwar noch einige Mulis tot bergen. Die Bernsteinsäcke hatten die Germanen offensichtlich abgeschnitten und sofort in die anfangs schon beschriebenen Sümpfe in Sicherheit gebracht."

Die Absetzung des Arminius

Pitt staunte über diesen Verlust der Römer und freute sich mit den Germanen.

„Da tut mir aber der leid, der diese Nachricht dem Varus überbringen musste."

Gerd erklärte: „Der Oberst und Arminius mussten das übernehmen."

„Wir wissen, dass Arminius überlebt hat, aber was war mit dem Oberst?", fragte Pitt.

„Dem Armen wurde Gelegenheit geben, sich in sein Schwert zu stürzen", erklärte Titus. „Davon machte er auch Gebrauch. Arminius wurde als General abgelöst und unehrenhaft aus der Legion ausgestoßen. Varus sagte zu ihm: ‚Eigentlich hättest du den Tod verdient, aber ich rechne auf. Und wir sind jetzt quitt. Lass dich nicht mehr sehen. Und als Fürst der Cherusker setze ich dich hiermit ab.'

Arminius starrte Varus lange an. Dann rief er ihm zu: ‚Alea iacta est – Die Würfel sind gefallen', ein geflügeltes Wort in Rom. Entschlossen verschwand er mit seinen Reitern in Richtung Weser."

„Die Absetzung des Arminius wurde den germanischen, aus dem Cheruskerland stammenden Hilfstruppen mitgeteilt", ergänzte Gerd. „Und eines hatte der Varus völlig falsch eingeschätzt: In diesem Sommerlager hatte sie das Ansehen des Arminius bei seinen Landsleuten und bei den Angrivariern deutlich verbessert.

So wählten ihn die Offiziere der germanischen Hilfstruppen per Akklamation zum (Kriegs-)Herzog der Cherusker. Damit war die germanische Tradition wiederhergestellt."

„Das konnte Varus ja wohl nicht hinnehmen!", vermutete Pitt.

„Als Erstes ließ er seine aus Germanen rekrutierte Leibwache ebenso wie etwa 1 000 aus dem linksrheinischen Gebiet stammenden germanischen Legionäre der XIX. Legion entwaffnen. Sie mussten jetzt in Zivilkleidung im Tross mitlaufen – taten sie natürlich nicht, sondern desertierten, um sich Arminius anzuschließen", erklärte Titus. „Varus erkannte die kritische Situation überhaupt nicht. Er befahl der XVIII. Legion, sofort die Truppen des Arminius anzugreifen und zu vernichten oder zurück über die Weser zu treiben."

Die erste Schlacht

Langsam wurde es Pitt kühl – feuchtkalte, erdige Umgebung war er im Gegensatz zu seinen Gesprächspartnern einfach nicht gewöhnt. Aber er wollte unbedingt wissen, wie die Geschichte weiterging. Dafür nahm er einiges in Kauf.

„Das waren dann rund 2 500 ausgebildete römische Legionäre gegen etwa 1 000 übergelaufene linksrheinische Germanen – ohne Waffen – und 1 300 Mann cheruskische Hilfstruppen. Wir wissen ja, dass Arminius diese Schlacht zumindest nicht verloren haben kann“, konstatierte Pitt.

„Die Römer brauchten etwa zwei Stunden, um sich zu formieren“, erklärte Gerd. „Man war ja für eine kilometerlange Marschkolonne aufgestellt. Dann griffen sie an – gut organisiert und sehr diszipliniert. Arminius hatte versucht, aus seinem zufällig zusammengewürfelten Haufen eine schlagkräftige Truppe zu formen, wobei von den zu ihm übergelaufenen Legionären eben nur wenige ihre Waffen mitbringen konnten.

Es begann ein heftiger Kampf. Schon nach einer Stunde sah es so aus, als würden die Römer den Sieg erringen. Dann erschienen plötzlich die Angrivarier unter Arnulf mit einer Mannschaftstärke von etwa 900 und mein Vater mit etwa 1 200 chattischen Kriegern.“

„Woher kamen die denn so schnell?“, fragte Pitt erstaunt.

„Sie erinnern sich doch an die Besuche meines Vaters im Lager?“, fragte Gerd. „Es ging ihm dabei wohl nicht nur um das Wohlbefinden seines Sohnes. Und ich erinnere mich, dass sie einmal zu dritt mit

Arminius, Arnulf und meinem Vater für zwei Tage zum Jagen unterwegs gewesen waren. Als sie zurückkamen und in Arminius' Zelt noch ein Bier tranken, hörte ich, wie mein Vater zu Arminius sagte: ‚Arminius, du musst das machen.'

Er antwortete: ‚Ich bin an den Eid auf den Kaiser gebunden.'

Mein Vater: ‚Wir sind bereit.' Mehr weiß ich darüber auch nicht, aber ich sehe das jetzt natürlich in einem ganz anderen Licht."

„Das Eingreifen dieser Truppen führte dann wohl zur Entscheidung der Schlacht zugunsten von Arminius?", fragte Pitt.

„Eine Entscheidung nicht, aber die Germanen konnten sich geordnet zurückziehen, die Römer betrachteten sich als Sieger und kehrten zum Hauptheer zurück. Warum, kann Ihnen vielleicht Titus erzählen", sprach Gerd.

Titus setzte die Erläuterungen fort: „Varus war das alles irgendwie zu viel: Erst so viel Bernstein verloren, dann hatte der Arminius die Seiten gewechselt (hätte er ihn doch nur gleich erschlagen!) und dann noch dieser kalte und peitschende Regen. Er wollte einfach heim. Und im nächsten Sommer würde er das gesamte Land besetzen und energisch durchgreifen. In Judäa hatte er immerhin 2 000 Aufständische zur Abschreckung ans Kreuz nageln lassen. Er glaubte einfach nicht, dass die Germanen ein römisches Heer von immer noch über 10 000 bestens ausgebildeten Legionären angreifen würden."

Überraschungsangriff

„Es kam dann noch zu einem sehr entscheidenden Moment!", fiel Gerd ein. „Die übergelaufenen Legionäre der Römer, die Hilfstruppen der Cherusker, die Krieger der Chatten und der Angrivarier versammelten sich an einem großen Lagerfeuer, Arminius, Arnulf und mein Vater zu Pferde. Die Letzteren ritten auf Arminius zu. Mein Vater bat ihn um seine römische Toga und seinen Helm.

Arnulf überreichte ihm einen Umhang aus Wolfspelz und seinen Wildschweinhelm. Arminius setzte den Keilerkopf auf: ‚In diesem Zeichen werden wir siegen!', rief er den jubelnden Kriegern zu. Dieser Satz wurde später auch von einem römischen Kaiser verwendet."

„Wurde denn noch ordentlich gefeiert?", fragte Pitt, der gerade eine Pause von Schlachtschilderungen brauchte.

„Davon gingen viele aus, auch mein Vater und Arnulf. Aber dann kam ein Spähtrupp von zwölf Reitern zurück und erstattete Arminius Bericht. Die Römer kamen nur sehr langsam voran. Am Ende des Zuges waren etwa 500 Legionäre inklusive des Trosses isoliert und schon 300 Meter von einer weiteren Gruppe von rd. 350 Legionären getrennt. Diese wiederum hatten das Ende des Zuges kaum noch im Blick.

Arminius befahl sofort den Aufbruch. Mein Vater und Arnulf protestierten. Die Krieger waren müde und angetrunken, und es war bereits vier Uhr nachmittags. ‚Wer trinken kann, muss auch kämpfen können.‘ Also brach man auf und wählte eine direkte Abkürzung durch einen alten Buchenwald und einen schmalen Pfad durchs Moor. Schon nach zwei Stunden war man an den Römern dran. Arminius stellte die Krieger auf und befahl den Angriff. Die römischen Legionäre waren völlig überrascht. Ihnen hatte man gesagt, Arminius sei über die Weser zurückgetrieben worden. In einer halben Stunde war die Schlacht entschieden, die Legionäre erschlagen, die Frauen und Kinder als Gefangene abgeführt.

Inzwischen hatten Reiter den zweiten Trupp durch Scheinangriffe zum Halten gezwungen. Die völlig ungeordnete Gruppe ergab sich ohne jeden Widerstand den Angreifern. Zu undenkbar war, was hier geschah: Germanische Bauernkrieger griffen römische Legionen an.

Bei dieser Gruppe befand sich die Ausrüstung der entwaffneten germanischen ehemaligen Legionäre. Arminius ordnete an, die erbeuteten Uniformern den ja in Zivilkleidung desertierten Exlegionären und den Exmitgliedern der Leibwache zuzuteilen. Zur Unterscheidung von den römischen Legionären wurden auf die Schilde die Hauer eines Keilers gemalt.“

Pitt kam aus dem Staunen nicht heraus.

„Diese Erfolge waren sicher möglich durch den Überraschungseffekt und die zahlenmäßige Überlegenheit der Angreifer. Aber ab jetzt war sicher niemand mehr überrascht, auch Varus nicht“, meinte er.

„Varus wurde nur ungenügend informiert“, sagte Titus. „Ihm wurde von den verantwortlichen Offizieren berichtet, dass ein kleiner Trupp Legionäre, der zur Bewachung liegen gebliebener Trossfahrzeuge eingesetzt worden war, durch räuberische Banden von dem Haupttrupp abgeschnitten sei. Kein Anlass zur Sorge. Im Morgengrauen werde man die Gruppe entsetzen."

Zwei Alternativen

Pitt versetzte sich immer mehr in die Lage des Arminius. Er wollte ihn verstehen, seinen Gedanken folgen und seine Strategie kennenlernen.

„Welche Pläne hatte Arminius?“

„Es gab ja zu diesem Zeitpunkt noch zwei Alternativen, aber nur diese beiden: entweder das bisher Geschehene als kleines Missverständnis abzutun, den Römern Besserung zu geloben, Geiseln zu stellen und Steuern zu zahlen – oder den Krieg bis zur Vernichtung der römischen Legionen auszurufen, zu diesem Zeitpunkt noch mit offenem Ausgang.

Überraschend erschien in Zivil Flavius, ein Bruder des Arminius. Er war in römischen Diensten und versuchte, Arminius für die erste Variante zu gewinnen: ‚Gegen Varus habt ihr keine Chance. Geht zurück zu euren Stämmen, dann wird Rom zu besänftigen sein.‘

Arminius sah ihn nur an, und Flavius wusste, Arminius hatte sich schon entschieden.

‚Nun gut‘, sagte Flavius mit erhobener Stimme. ‚Sag später aber nicht, ich hätte dich nicht gewarnt.‘

‚Und wenn wir siegen?‘

‚Dann findest du mich natürlich an deiner Seite!‘

Arminius hatte sich entschieden: Es wollte den Krieg bis zur Vernichtung der Römer. Aber er machte den noch nicht zahlreich vertreten Stämmen deutlich: Es ging nur mit äußerster Disziplin.

Strategisch war klar: Eine Entscheidung und, wie er betonte, eine völlige Vernichtung der Legionen musste in den ersten fünf Tagen abgeschlossen sein. Sonst wäre man zu weit im Westen und könnte von Asprenas, dem Neffen des Varus, mit seinen zwei links des Rheins wartenden Legionen angegriffen werden.

Operativ musste man den Heereszug auseinanderziehen und verlangsamen. Dazu wurden folgende Maßnahmen angeordnet: Zunächst sollten durch viele Scheinangriffe den Römern ihre Fernwaffen wie Speere, Pfeile, Bleigeschosse u. ä. ausgehen.

Weiter sollten durch Speerwürfe oder Pfeile so viele Mulis wie möglich getötet oder verletzt werden. Als Folge mussten die Legionäre ihre Verpflegung und Waffen selber tragen. Außerdem könnten die toten Mulis die Verpflegung der Germanen verbessern. Durch geeignete Maßnahmen musste sichergestellt werden, dass die Legionen nur einen für einen Angriff günstigen Weg nahmen.

Taktisch sollte versucht werden, in Zweikämpfe Mann gegen Mann zu kommen. Auf keinen Fall durften geordnete Verteidigungslinien der Römer angegriffen werden."

Woher kommt Verstärkung?

Es faszinierte Pitt, in diese strategischen Überlegungen eingeweiht zu werden. Gerne wollte er mehr erfahren, und Gerd tat ihm bereitwillig diesen Gefallen.

„Natürlich war Arminius klar, dass man ohne erhebliche Verstärkung nicht weitermachen könne. ‚In jeder Schlacht müssen wir eine Überlegenheit von drei zu eins herstellen', lautete sein Grundsatz. Es war sicher ein mehr als glücklicher Umstand, dass sich in der Nähe Tausende bis an die Zähne bewaffneter Krieger aus den verschiedensten germanischen Stämmen befanden. Sie gehörten der Religionsgemeinschaft der Istvaeonen an und waren Pilger einer Wallfahrt. Arnulf wurde dorthin gesandt, um diese Stämme zur Teilnahme an der Schlacht gegen die römischen Legionen zu bewegen."

„Hatte Arnulf genügend Autorität, um die Stämme zu überzeugen? Wenn dieser Aufstand verloren würde, ginge es vielen an den Kragen", warf Pitt ein.

„Diese Bedenken sind berechtigt, aber einer von Arnulfs Brüdern war dort Hohepriester, und auf dessen Einflussnahme setzten wir", erwiderte Gerd.

„Wahrscheinlich zu Recht, denn wir kennen ja das Ergebnis."

„So einfach war es leider nicht“, nahm Gerd Pitt die Naivität. „Denn erst als der Hohepriester über die von den Römern mitgeführten Bernstein-Mulis sprach, besserte sich die zunächst sehr verhaltene Motivation. Die Marser und die Brukterer kamen mit je 1 500 Kriegern, die Cherusker mit weiteren 2 000 und die Langobarden mit 500.“

Die Marschpläne des Varus

Pitt sah, wie Titus ungeduldig wurde; er wollte auch wieder am Gespräch beteiligt werden. So beschloss Pitt, ihm die nächste Frage zu stellen.

„Welche Pläne hegte Varus zu diesem Zeitpunkt?“

Dankbar antwortete Titus: „Varus wollte den gleichen Weg zurück nehmen direkt in Richtung Anreppen auf dem Weg, den man im Frühjahr benutzt hatte, zunächst nach Süden durch die Porta Westfalica – dort befand sich ein römischer Militärposten.

Spähtrupps berichteten jedoch bereits kurz nach dem Übergang über die Weser, dass die Knüppeldämme durch den lang anhaltenden Regen zum Teil überflutet seien. Außerdem seien durch Sabotageakte der Germanen große Teile der Balken nicht mehr vorhanden. Man wählte trotzdem den Weg links der Weser in Richtung Porta Westfalica.“

„Gerd, wie hatte man die Sabotageakte organisiert?“

„Arminius wusste davon nichts. Wahrscheinlich hatten schlichtweg die Bewohner der umliegenden Dörfer ihre Holzvorräte für den Winter aufgebessert.

Der Kultplatz der Istvaeonen, dort, wo viele germanische Krieger versammelt waren, lag nördlich des Wiehengebirges in Richtung Westen. Arminius musste den Marschweg durch die Porta Westfalica unbedingt verhindern. Er schickte sofort 1 000 Krieger und seine 400 Reiter dorthin, um diese Flussenge abzuriegeln“, erklärte Gerd.

„Und das war ja offensichtlich gelungen. Wir wissen ja, dass Varus nördlich des Wiehengebirges blieb.“

„Zunächst errichteten wir unweit der Weser unser erstes Lager“, erklärte Titus. „Dies gelang ohne Zwischenfälle. Zu diesem Zeitpunkt hatten wir etwa zwei Drittel des Weges zur Porta Westfalica zurückgelegt. Am späten Nachmittag begannen dann erste Angriffe auf das Lager. Und das waren keine Cherusker, sondern Chatten und Marser. Die Angriffe erfolgten nicht sehr überlegt und klug, sondern in germanischer Hau-drauf-Taktik. Sie wurden sämtlich zurückgeschlagen, wobei die Angreifer erheblich Verluste erlitten, auf unserer Seite waren nur etwa 20 Tote zu beklagen.

Gegen Mitternacht berichteten aus dem römischen Militärposten an der Porta Westfalica zu uns gestoßene Reiter, dass sie von einer Übermacht cheruskischer Krieger überrannt worden seien. Das Tal werde von diesen offensichtlich befestigt, sodass dort nur unter großen Verlusten durchzukommen sei.

Mein Wein-Freund Aulus bekam den Auftrag, keine Verse mehr zu schreiben, sondern das ‚Kriegstagebuch des germanischen Krieges‘. Varus gedachte wohl, in die Fußstapfen Caesars zu treten. Eine ähnliche Karriere konnte er sich gut vorstellen. So stellte Aulus die Richtungsänderung als mutige Entscheidung des Varus dar, einige Stämme im Norden im Vorbeigehen zu züchtigen.

Die neue Marschroute

Als neue Marschroute war vorgesehen, zunächst nördlich des Wiehengebirges zu bleiben, um dann in flacherem Gelände bei dem Flüsschen Alte Aue das Gebirge zu überwinden und bis Haltern zu marschieren. Dieses befestigte Lager war auch im Winter gegen die Germanen zu halten.

Am nächsten Morgen wurden wir um sechs Uhr von Trompeten geweckt. Jeweils acht Legionäre krochen aus einem nur drei auf drei Meter großen Lederzelt. Ich selbst hatte es luxuriöser gehabt, mit nur drei Leibwächtern und einem Küchenhelfer direkt neben dem Zelt des Varus schlafen zu können.

Die Legionäre luden ihre Zelte auf ein Maultier, das von einem Trossknecht geführt wurde – zum letzten Mal ohne Stress wie in Friedenszeiten. Der einzelne Legionär legte seine Rüstung an – inklusive des mehr an als einen Meter hohen Schildes, der in einer ledernen Schutzhülle steckte. Diese schnallte der Soldat mit einem Tragegurt auf den Rücken, sodass der Schild hinter dem Kopf emporragte.

Zusätzlich schulterte er noch eine kreuzförmige Tragestange, an der Kleidung, Proviant und die persönlichen Habseligkeiten hingen. Insgesamt musste jeder Legionär um die 50 Kilogramm mit sich schleppen. Damit waren sie für den kommenden Urwaldkampf denkbar unvorteilhaft ausgestattet."

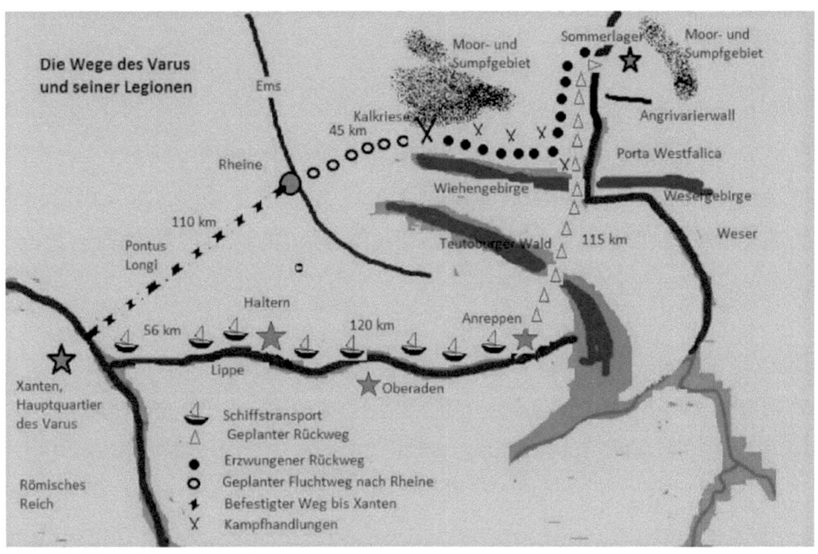

Varus hatte keine Alternative. Er musste nördlich des Wiehengebirges in Richtung Rheine ziehen.

Das Kräfteverhältnis

„Wie war das Kräfteverhältnis zu diesem Zeitpunkt?“, wollte Pitt daher wissen

„Ich bekam ja nur das mit, was man dem Varus berichtete“, sagte Titus. „Als wir aus dem ersten Lager aufbrachen, hatten wir danach durch Desertion der cheruskischen Hilfstruppen, Ertrinken beim Übergang über die Weser und durch Kampfhandlungen etwa 2 500 Legionäre und Hilfssoldaten verloren. Die Verluste betrafen insbesondere die XIX. Legion, die durch Legionäre der anderen Legionen aufgefüllt wurde. Insgesamt standen Varus noch rund 8 000 bis 9 000 Legionäre und jeweils rund 1 000 Hilfstruppen der Ubier und Friesen zur Verfügung.“

„Arminius kommandierte inzwischen 7 000 germanische Bauernkrieger und rund 2 300 ausgebildete Hilfstruppen und Legionäre“, ergänzte Gerd. „Zahlenmäßig ein nahezu ausgeglichenes Verhältnis. Aber die Bauernkrieger waren relativ unzuverlässig. Ständig kamen neue hinzu, andere verschwanden, ohne sich irgendwie abzumelden.

Arminius schuf sich daher aus den besten seiner cheruskischen Bauernkrieger, seinen ehemaligen Hilfstruppen und den übergelaufenen linksrheinischen Legionären eine Art Eliteeinheit. Er nannte sie die ‚Erste germanische Legion‘ mit einer Stärke von 5 000 Soldaten.

Diese kannten die Strukturen einer römischen Legion und verhielten sich militärisch professionell. Hier führte Arminius direkt. Die anderen Stämme, bis auf seine Cherusker und zeitweise die Angrivarier, standen unter dem Oberbefehl der jeweiligen Stammesherzöge, die sich nur mit Arminius abstimmten. Und mindestens einer hielt sich regelmäßig nicht an getroffene Vereinbarungen."

Der zweite Tag

„Als Arminius die Nachricht von der Einnahme des römischen Militärpostens an der Porta Westfalica erhielt, war ihm klar, dass Varus jetzt nördlich des Wiehengebirges bleiben musste. Er blieb bei seiner Strategie, nur anzugreifen, wenn das Kräfteverhältnis drei zu eins zu unseren Gunsten war", fuhr Gerd fort.

„Arminius stellte die germanischen Stämme entlang des zu erwartenden Marschweges der Römer auf: immer nach Stämmen geordnet, damit diese sich nicht gegenseitig an die Hälse gingen. Hatten die römischen Legionäre einen Angriff abgeschlagen, kam 400 Meter weiter die nächste Welle. Es waren immer ausgeruhte Krieger, während die Legionäre nach stundenlangem Kampf mehr und mehr erschöpft waren und sich nach einem befestigten Lager sehnten, um sich erholen zu können."

„Wie reagierte Varus?", wollte Pitt wissen.

„Varus betrachteten den Aufstand der ‚räuberischen Banden', wie er die Angreifer nannte, immer noch als eine groteske Unverschämtheit. Mit energischem Durchgreifen werde man sich schon Respekt verschaffen.

So ordnete er an, gefangene Germanen zunächst zu verhören und sie dann, lebensgefährlich verstümmelt, in ihre eigenen Reihen zurückzuschicken. Man schnitt bevorzugt ihre Bauchdecke auf, sodass die so Zugerichteten, ihre Gedärme mit den Händen haltend, schreiend zu ihren Kameraden zurückliefen. Weitere Grausamkeiten waren das Abschneiden der Hände oder Ausstechen eines Auges", antwortete Titus.

„Das ist ja wirklich unfassbar!", schrie Pitt auf. „Das muss den Hass der Germanen doch noch mehr angestachelt haben!"

„Zum Teil", sagte Gerd. „Einige Gruppen brachen den Kampf gegen die Römer aber ab und gingen zu ihren Stämmen zurück. Gerade die jungen Krieger hatten sich das Ganze wohl eher wie eine lustige Kirmesschlägerei vorgestellt und waren dem realen Krieg mental dann doch nicht gewachsen.

Da mehr als nur ein, zwei Gruppen das Weite suchten, musste Arminius reagieren. Er befahl, alle in römische Gefangenschaft geratenen Krieger als Deserteure zu betrachten und bei etwaiger Rückkehr sofort zu töten. Auch die wankelmütigen Germanen wussten jetzt, dass die Gefangenschaft den sicheren Tot bedeutete", erklärte Gerd.

Pitt fröstelte es. Es war eine Sache, von solchen Grausamkeiten in Büchern gelesen zu haben, und eine andere, davon Zeitzeugen sprechen zu hören.

Gerd fuhr unterdessen fort: „Arminius traf Vorkehrungen, auf dass die Römer auf ihrem weiteren Weg keine Alternativen hatten. Er stellte nach römischem Vorbild eine Pioniereinheit von etwa 1 000 Kriegern zusammen. Diese hatten mehr oder weniger die Aufgabe, den Römern den Weg vorzugeben und jedes Abweichen zu verhindern. Insbesondere ging es darum, ein mögliches Durchbrechen nach Süden entlang der Flüsse Große Aue oder Hunte zu verhindern.

So wurden weite Gegenden durch das Aufstauen von Bächen unpassierbar gemacht. Indem Bäume gefällt wurden, geschah das Gleiche in den Wäldern. Das ging mit einer erstaunlichen Geschwindigkeit. Fünf Mann bildeten eine ‚Baumfälleinheit'. Jeweils zwei schlugen abwechselnd mit Äxten auf den Baum ein, der fünfte schärfte derweil die Äxte.

Dennoch erreichten die Legionen am Abend ebenes Gelände und versuchten trotz massiver Angriffe, ihr Lager mit Gräben und Palisaden anzulegen. Das ist ihnen zu Arminius' großem Ärger auch am zweiten Abend gelungen."

Alsuna und Arnulf

Die Lage spitzte sich für die Germanen langsam zu, wie Pitt fand. Dennoch fiel ihm auf, dass von einer Person bislang gar nicht mehr die Rede war.

„Ich habe jetzt lange nichts mehr von Arnulf gehört. Hat er an der Varusschlacht denn gar nicht teilgenommen?“

„Nein, und das ist wieder eine eigene Geschichte. Wir haben Ihnen doch von Alsuna erzählt, der Geliebten des Numerius“, sagte Gerd.

„Was hat die denn mit Arnulf zu tun?“ Pitt wunderte sich.

„Alsuna hatte sich inzwischen von ihrem Weinhändler getrennt. Dieser hatte sich die Lieblingssklavin eines römischen Obersten zur Geliebten genommen. Zunächst hatte der Oberst vor, den Weinhändler zu erschlagen. Aber da der Oberst chronisch knapp bei Kasse war, gab er den Großmütigen: Der Weinhändler musste eine stolze Ablösesumme zahlen, und der Oberst bekam seinen Wein für die Dauer des Sommerlagers gratis.

Alsuna kam von Numerius nicht los. Sie suchte ihn bzw. wollte so etwas wie mit ihm jetzt immer haben. Also ging sie kokettierend durch das römische Lager. Die Herzen der Offiziere flogen ihr zu und zerbrachen nicht selten zwischen ihren Schenkeln. Ausnahmslos waren sie von Alsunas Liebeskunst verzaubert. Aber es gab bei ihr kein zweites Mal. Denn sie suchte einen zweiten Numerius und fand ihn nicht – und wurde immer unglücklicher.

Bei einem seiner letzten Besuche im Lager traf sie nach der Feier erstmals Arnulf wieder. Beide verstanden sich auf Anhieb. Denn auch Arnulf hatte seit dem Tod seiner Frau vor sieben Jahren noch nicht wieder sein Glück gefunden.

In langen Gesprächen wuchs das Verständnis füreinander. Sie unterhielten sich nächtelang. Und irgendwann war es wohl Liebe. Denn nachdem Arnulf von seiner erfolgreichen Mission bei den germanischen Stämmen zurückgekommen war, legte er sein Amt als Kriegsherzog nieder. Bis zur Wahl eines neuen Herzogs übertrug er Arminius die militärische Führung der Angrivarier.

Alsuna und Arnulf zogen sich auf Arnulfs Hof zurück. Man hörte danach nur noch, dass sie eine Familie gegründet hatten. Alsuna legte mit Einwilligung Arnulfs jeweils an Numerius' Todestag Blumen dort nieder, wo sie ihn verloren hatte."

Zweites römisches Lager

Pitt staunte über die Großzügigkeit Arnulfs, der diese tiefen Empfindungen Alsunas für ihren verstorbenen Numerius respektierte.

„Ein befestigtes Lager, das machte die Sache für Arminius natürlich schwierig. Ein geordnetes römisches Lager anzugreifen, war eher ein kollektiver Suizidversuch. Das hätte es dann sein können“, wechselte Pitt das Thema.

„Genau das dachte Arminius“, bestätigte Gerd. „Wenn Varus sich hier zunächst eingeigelt hätte und durch die am Rhein stehenden Legionen entlastet worden wäre, wäre die Situation sehr kritisch geworden, zumal die ungeduldigen germanischen Stämme sich dann vielleicht zurückgezogen hätten.

Außerdem mussten die germanischen Krieger sich selbst verpflegen. Und diese Verpflegung war selten auf mehr als drei bis fünf Tage ausgelegt.

Eine ruhige Nacht sollten die Legionen jedoch nicht haben. Arminius ließ die ganze Nacht laute Trommeln schlagen. Mit Schleudern wurden ununterbrochen Steine in das Lager auf Mensch und Tier geworfen. Besonders schlafstörend war eine Gemeinheit, die die Angrivarier sich ausgedacht hatten: Junge Bullen wurden herangeführt. Zwischen Ihre Hörner und an ihre Schwänze wurden harzgetränkte Sträucher gebunden und angesteckt.

Hinter ihnen wurde ebenfalls Feuer entzündet. Die Tiere stürmten in wilder Panik über die römischen Wälle und rasten durch das Lager. Nicht nur unter den Mulis brach Panik aus.

Die in den Wall geschlagenen Breschen wurden von den römischen Legionären schnell geschlossen, aber an Schlaf war in dieser Nacht nicht zu denken."

Pitt fiel auf, dass diese Schlafstörung auch die Germanen betroffen haben musste – der Lärm dürfte auch ihren Nachtschlaf empfindlich gestört haben.

„Frage an Sie, Titus: Warum hat Varus sein doch befestigtes Lager am nächsten Tag wieder verlassen und ist unter diesen Voraussetzungen weitermarschiert?"

„Erinnern Sie sich an unseren um acht Tage verzögerten Aufbruch aus dem Sommerlager? Wir hatten schon zu diesem Zeitpunkt die Verpflegung rationieren müssen. Im Grunde hatten wir für 14 Tage Proviantvorräte. Aber acht davon haben wir schon im Sommerlager verbraucht! Und die Versorgungsschiffe hatten ja eher Wein als Getreide mitgebracht. Außerdem hatte seine Aufklärung ihm berichtet, dass immer mehr germanische Stämme zu Arminius stießen.

Auch Varus erkannte nun mehr und mehr, dass er es mit einer ernst zu nehmenden Situation zu tun hatte. In der noch in der Nacht einberufenen Lagebesprechung war allen klar: Dies war kein Rachefeldzug eines gekränkten Cheruskerfürsten, dies war ein germanischer Aufstand."

Titus lächelte. Er freute sich über Pitts Staunen, wie er an Titus' Lippen hing. Es war wunderbar, sein Wissen den Nachgeborenen weitergeben zu können; er genoss dieses Gespräch.

„In der Beratung entschied Varus, einen für germanische Verhältnisse als gut ausgebaut bekannten Kaufmannsweg parallel zum Wiehengebirge einzuschlagen. Da man durch die Aufklärung wusste, das alle Wege durch das Wiehengebirge nach Süden durch Arminius unpassierbar gemacht worden waren, sollte das Marschziel jetzt Rheine an der Ems sein.

Seinem Neffen und Vertreter in Xanten Lucius Nonius Asprenas sandte er durch vier Reiter die Nachricht, dass ihm dieser mit seinen beiden Legionen bis Rheine entgegenkommen solle. Dort solle er ein befestigtes Lager vorbereiten, in dem zumindest Teile der Streitkräfte auch überwintern könnten."

„Ist Ihnen bekannt, ob diese Boten es bis zum Rhein geschafft haben?", wollte Pitt wissen.

„Wir haben sie jedenfalls nicht erwischt", antwortete Gerd.

Der Marsch

Pitt dachte daran, wie er diesen Erdrutschabhang hinuntergestürzt war. Sein Steiß schmerzte. Warum brachte ihn das zur nächsten Frage?

„Wie wurde der Marsch der Legionen durch die nun wahrhaft schlechte Wegstrecke organisiert?“

Titus antwortete: „Viel zu organisieren gab es da nicht. Wenn die Wegeverhältnisse es zuließen, marschierten wir mit jeweils sechs Mann nebeneinander, aber schon eine einzige Engstelle führte zu zermürbenden Staus, die sich rasch nach hinten auswirkten.

Häufig konnten wir eben nicht wie üblich mit sechs Mann nebeneinander ausschreiten, sondern mit vier oder weniger. Im Extremfall musste sogar im Gänsemarsch marschiert werden. Dann suchten sich einige Ungeduldige ihre eigenen Wege – eine ideale Gelegenheit für die Germanen, uns anzugreifen.

Mitunter waren das nur Gruppierungen von 20 bis 30 Mann, die die verirrten Legionäre angriffen und vernichteten. Die gesamte Kolonne hatte damit eine schier unüberschaubare Länge, als sie den Weg zwischen Bergen und Sümpfen entlangkroch. Wenn man bedenkt, dass wir mit Tross nur maximal 25 Kilometer Tagesleistung schafften, waren die Ersten schon angekommen, wenn die Letzten noch nicht losmarschiert waren.

Die Marschgeschwindigkeit war den Generälen deutlich zu langsam. Darum entschied Varus auf deren Vorschlag, den gesamten einfach zu langsamen Tross aufzugeben und zurückzulassen. Nur das für einen Gewaltmarsch Notwendige sollte mitgenommen werden, alle Wagen und sonstige, dem Feind evtl. nützliche Gräte sollten zerstört werden.

Die Generäle hofften, damit die Marschgeschwindigkeit pro Tag auf 40 Kilometer zu steigern. So konnte man in drei bis vier Tagen in Rheine sein. Wenn Lucius Nonius Asprenas ihnen von Xanten entgegenkäme, würden sie sich dort treffen. Mit frischen Waffen und Kräften hätten die Germanen keine Chance mehr gehabt."

Pitt bewunderte diese strategischen Fähigkeiten. Aber es hingen doch noch mehr Personen dran, um die sich gekümmert werden musste.

„Das mit dem Tross wissen wir aus der Literatur. Da waren aber nicht nur Wagen, Werkzeuge und Maultiere, sondern auch Frauen, Kinder und nicht militärisch ausgebildete Männer. Was ist aus denen geworden?"

„An jenem bewussten Morgen kam der uns bekannte Weinhändler mit seiner – wir erinnern uns – von einem römischen Offizier gekauften Sklavin, beide durchnässt von dem anhaltenden Regen, in unser Lager", erzählte Gerd. „Sie baten um eine Unterredung mit Arminius. Es gebe Ideen, die sehr interessant für Arminius seien. Nach einigem Zögern empfing Arminius die beiden in seinem Unterstand."

Ein abwegiger Vorschlag

Gerd sammelte sich noch einmal, bevor er fortfuhr.

„Der Weinhändler unterbreitete einen zunächst völlig abwegigen erscheinenden Vorschlag: Seine Sklavin werde jetzt eine Geschichte erzählen. Die wisse, wo sich der restliche Bernsteinschatz befinde. Und wenn der darin enthaltene Vorschlag Arminius' Zustimmung finden sollte, solle Arminius im Gegenzug den gesamten Tross in die Freiheit entlassen.

Arminius beriet sich kurz mit meinem Vater, der zu einer Besprechung bei Arminius war. Mein Vater meinte: ‚Was soll passieren? Und denk dran: Auch wenn wir diese Schlacht gewinnen, die Römer werden wiederkommen. Dann brauchen wir ein ausgebildetes stehendes Heer! Und das kostet Geld.' So stimmte Arminius zu.

Die Sklavin, Lucretia war ihr Name, berichtete, dass sie sich im ersten Lager noch einmal zu ihrem ehemaligen Herrn, dem römischen Offizier, durchgeschlagen habe. Angesichts seines Todes, den der immer pessimistische Offizier sicher erwartete, hatten sich beide noch einmal umarmt und miteinander geschlafen."

„Moment mal! Lucretia, war das die ehemalige Königin der Nacht am Fest der Saturnalien?", fragte Pitt erstaunt.

„Genau DIE", seufzte Titus.

Gerd fuhr fort: „Der Offizier habe ihr im Liebesrausch berichtet, dass er vier Sklaven den in der Legion verbliebenen Bernstein an der

Weser an einem nur ihm bekannten Ort habe vergraben lassen. Die vier Sklaven habe er weisungsgemäß nach getaner Arbeit erschlagen. Er schilderte ihr relativ grob die Lage des Schatzes. Für den Fall, dass er nicht überleben werde, und davon ging er aus, habe er die genaue Lage auf einer Tontafel vermerkt. Diese werde er Varus übergeben.

Lucretia reagierte so, wie sie es bei den Römern gelernt hatte: Sie nahm das Messer des Offiziers und versuchte, ihn zu erstechen. Dieser konnte jedoch schwer verletzt entkommen. Man wisse nicht, ob er es bis zu den Legionen geschafft habe. Eile sei daher geboten."

„Der Weinhändler streckte Arminius die Hand hin: ‚Wenn ihr mit unserer Hilfe den Bernsteinschatz findet, ist der Tross frei!'

Arminius schlug ein: ‚Wenn der Schatz in unserer Hand ist, kann der Tross ziehen!'

Dann nahm er mich zur Seite und gab mir den Auftrag, mit den beiden zu gehen. Wenn der Bernsteinschatz gefunden würde, dürfe es keine Augenzeugen und Mitwisser geben. Ob ich das verstanden hätte? Ich hatte.

In geringer Entfernung vom ersten Lager fanden wir den Schatz. Er war sehr schlampig vergraben worden und war auch wohl schon vom Hochwasser erfasst gewesen. Zwei Säcke waren jedenfalls beschädigt und Teile des Bernsteins die Weser hinabgetrieben. Trotzdem: Ein Vermögen! Eine volle Kriegskasse für Arminius.

Jetzt kam der zweite Teil meines Auftrags, ein sehr schwieriger. Wahrscheinlich hatte ich schon Menschen im Kampf getötet, auf jeden Fall aber schwer verletzt. Aber diese beiden einfach abschlachten?

Der Weinhändler schaute mich an. ‚Du musst jetzt etwas tun, was du nicht kannst.‘ Er war sehr traurig.

‚Es wird schon gehen‘, antwortete ich.

‚Der Deal mit Arminius war doch gut, oder? Ich mache dir einen weiteren Vorschlag! Du musst Lucretia und mich erschlagen, kannst es aber nicht. Gut, dann töte ich mich selber, und dafür bringst du Lucretia in Sicherheit.‘

Ich war überrascht: ‚Die Lucretia hat dich doch gerade betrogen. Und du willst für sie dein Leben geben?‘

Der Weinhändler lächelte. ‚Frauen wie Lucretia brauchen für das Leben einen Esel wie mich. Aber ab und an brauchen sie auch so ein Schwein wie den Offizier. Aber glaub mir, ich war noch nie so glücklich wie mit Lucretia. Sie hat es verdient, dass ich sie rette, und wenn es mein Leben kostet.‘

Ich schaute ihn an, schaute die Sklavin an, eine bildschöne, halb nackte Frau, und gab dem Weinhändler mein Schwert. Er nahm es, stürzte sich hinein und war auf der Stelle tot. Lucretia kam auf mich zu und umarmte mich.“

Pitt ließ diese Tragik nicht los. Er saß mit gesenktem Haupt da, stützte die Hände auf die Knie und schüttelte immer wieder den Kopf.

Gerd sprach weiter: „Dann verführte sie mich. Ich war völlig wehrlos. Ich hatte ja außer einigen Besuchen bei Titus’ Prostituierten keine Erfahrungen mit Frauen. Darum: Wenn Arminius mich auch dafür ins Moor werfen würde, diese Stunde war es wert. Ich hatte den Eindruck, dass der tote Weinhändler neben uns lächelte.

Doch plötzlich sprang Lucretia auf, zog das Schwert aus dem Weinhändler und setzte es an meine Kehle. Ich Idiot, ich hatte dem Weinhändler getraut! Erst jetzt bemerkte ich es, das war kein Lächeln, das war ein hinterhältiges Grinsen. Ich hatte Todesangst.

Lucretia zog die Schwertspitze langsam zu meinen Brustwarzen. Das Blut des Weinhändlers tropfte auf meinen Bauch. Dann ging es weiter. Mein kleiner Freund wurde von der Eisenspitze langsam hin und her geworfen. Ich bekam auch noch Kastrationsängste. Und diesem miesen Verräter zwischen meinen Schenkeln gefiel das Ganze: Er reckte sich erwartungsvoll Lucretia entgegen.

Sie hob das Schwert, ich dachte, das sei das Ende, und schrie laut auf. Aber sie rammte das Schwert neben meine Knie in den Waldboden. Ich stöhnte vor Entsetzen. Dann ging es schnell: Sie war auf mir und ich in ihr. Und wenn ich vorher gedacht hatte, das wäre der Himmel auf Erden, wusste ich jetzt: Darüber musste auch noch etwas sein. Und der Weinhändler lächelte wieder.“

„Eine Wahnsinnsgeschichte! Und wie reagierte Arminius, als Sie mit der lebenden Lucretia ankamen?“, wollte Pitt wissen.

Gerd schmunzelte, als er Pitt mit offenem Mund und gespanntem Gesichtsausdruck erwartungsvoll vor sich sitzen sah. So aufmerksam hatte ihm die letzten 2000 Jahre niemand mehr zugehört.

„Die habe ich zunächst versteckt und ihm dann Vollzug gemeldet. Und dann habe ich ihm von meinem Versagen erzählt – natürlich schon von Lucretia, aber nicht von der kleinen Episode. Er reagierte ganz anders, als ich es erwartet hatte. Zunächst lobte er mich dafür, dass ich den Schatz gefunden hatte.

Arminius machte sich Vorwürfe, dass er mir diese Aufgabe übertragen hatte. ‚Aber es ist gut, dass du trotz der vielen Brutalität um uns herum noch keine Lust am Töten hast.` Ich solle mir diese Eigenschaft so lange wie möglich bewahren. Die Lucretia solle ich versteckt halten, bis diese Schlacht vorüber sei.

Er bat meinen Vater, mit seinen engsten Vertrauten den Schatz in Sicherheit zu bringen.

‚Warum denn keine Cherusker?‘, fragte ich.

‚Verwandte bekommt man geschenkt, aber Freunde kann man sich aussuchen.‘

Der Tross wurde in die Freiheit entlassen. Sie kamen aber nur bis zu römischen Militärgrenze. Dort wurden sie zurückgeschickt. Man wollte keine Zeugen der inzwischen bekannt gewordenen schmachvollen Niederlage des Varus in den Grenzen des römischen Reiches. Der Tross zog weiter und soll von da an ruhelos durch das nicht römische Europa gezogen sein.“

Die Bewaffnung

Gerd räusperte sich, den vom vielen Erzählen war sein Hals ganz trocken geworden.

„Zurück zum Kampfgeschehen. Es waren doch immer noch römische Legionäre, die ihr Kriegshandwerk verstanden. Auf germanischer Seite waren es Bauernkrieger. Man konnte natürlich versuchen, den Heereszug immer weiter auseinanderzuziehen. Aber irgendwann musste man ja auch einmal angreifen, oder nicht?“

„Man muss sich zunächst einmal die Bewaffnung vorstellen: Die Legionäre waren durch ihren Schild, ihre Panzerung und ihren Helm eigentlich bestens geschützt. Wenn sie sich eng zusammenschlossen, bildeten sie eine unüberwindliche Mauer – zunächst jedenfalls“, erwiderte Gerd.

„Durch die ständigen (Schein-)Angriffe der germanischen Krieger hatten sie ihre Schleuder- und Wurfwaffen, Pfeile, Bleikugeln und Speere weitestgehend verbraucht. Zudem befanden sich die Speere jetzt in den Händen der Angreifer. Zwar verbog sich die Spitze bei Aufprall häufig, aber die Pioniere bekamen das schnell wieder hin.

Hinzu kam, dass die Schwerter unterschiedlich lang waren. Die Römer hatten relativ kurze Schwerter, die sie als Stichwaffe wie einen langen Dolch benutzten. Bei den Germanen waren die Schwerter wesentlich länger und auch schwerer. Sie nutzten die Schwerter als Hiebwaffen. Nicht alle Germanen hatten Schwerter, viele verwendeten als Waffe schwere Äxte und/oder die Frame, einen kurzen Speer, der sowohl als Wurf- als auch Stichwaffe gebraucht werden konnte.

Nachdem die Römer auf größere Distanz nicht mehr gefährlich waren, gingen die germanischen Krieger mit einer Entfernung von manchmal unter fünf Metern parallel zum römischen Heerzug. An den Augen der Legionäre konnte man ablesen: ‚Lasst mich leben, nur einen Tag oder wenigstens eine Stunde oder bitte diese eine Minute!' Es war eine realistische Einschätzung ihrer Lebenserwartung.

Denn sobald sich eine Gelegenheit bot, d. h. sich zum vorausgehenden Trupp eine größere Entfernung auftat, wurde angegriffen, und zwar immer der zurückgebliebene Teil des Zuges. Dieser wurde von den vorausgehenden regelmäßig im Stich gelassen, man drängte nämlich mit Macht nach vorn und brachte so die Marschordnung durcheinander. Die Zurückgebliebenen wussten, dass dies ihr Ende bedeutete. Zum Teil ergaben sie sich ihrem Schicksal, zum Teil kämpften sie wie die Löwen, sodass wir in einigen Fällen erhebliche Verluste hatten.

Trotz der neu entwickelten Taktik: Die germanischen Krieger hieben mit der ganzen Wucht ihrer Schwerter oder auch Äxte auf die römischen Schilde, sodass diese entweder gespalten wurden oder die Schwerter sich in den römischen Holzschilden festkeilten. Mit einem Ruck wurde der Schild dann nach vorn gezogen. Entweder ließ der Legionär den Schild los, oder er fiel mitsamt dem Schild nach vorn. Die zweite Reihe der Germanen konnte dann mit den Spießen oder Schwertern durch gezielte Stiche in den durch die Rüstung relativ schlecht geschützten Hals den Gegner schwer verletzen oder töten.

Sobald eine Bresche in die engen Reihen der Römer geschlagen wurde, geriet deren Ordnung völlig durcheinander. Im Kampf Mann gegen Mann waren sie den Germanen unterlegen."

Die Nackten

Pitt staunte über diese Taktik – welch ein ausgeklügeltes System! Unpassenderweise sah er Gerd plötzlich lächeln, dann lachen.

„Warum lachen Sie, Gerd?"

„Ich muss an eine kuriose Geschichte denken. Die muss ich Ihnen erzählen", antwortete dieser.

„Größere Unterbrechungen der Auseinandersetzungen traten ein, wenn wieder einmal eine Gruppe Römer erschlagen am Boden lag. Dann fing der eigentliche Kampf an – der Kampf der Germanen um die Beute. Und der dauerte oft länger als das eigentliche Gemetzel. Verletzte, aber auch Tote waren keine Seltenheit.

Unter den römischen Legionären der XVIII. Legion befand sich eine Gruppe, die stets eng zusammenblieb. Das hatte einen guten Grund: Sie stammten alle aus einer Region in Kalabrien. Alle kämen zurück oder keiner, das hatten sie sich und ihren Müttern geschworen, wobei die Betonung schon auf ‚alle kommen zurück' lag. Diese Gruppe, vor allem ihr Sprecher Sixtus, hatte genau beobachtet, was die germanischen Krieger wollten: Beute statt Blut. Darum setzten sie eine verwegene Idee in die Tat um: Sie zogen sich in einem geeigneten Moment splitternackt aus, ließen Rüstung und Bekleidung zurück und flüchteten in das an dieser Stelle besonders dichte Unterholz.

Sie liefen damit Gefahr, den überall herumlungernden Horden in die Hände und insbesondere in die Schwerter zu fallen. Diese Horden waren nicht Arminius oder einem anderen Stammesherzog unterstellt, sondern (im heutigen Sinne) kriminelle Banden. Sie waren auf Beute aus und hatten es insbesondere auf die Legionäre abgesehen, denen es gelungen war, die germanischen Linien zu durchbrechen und ihr Heil in der Flucht zu suchen. Aber an nackten Legionären hatten auch diese kein Interesse.

Die Zeckenbisse und Fußverletzungen wären für die Legionäre gar nicht notwendig gewesen. Wie erwartet, staunten die Germanen nur kurz, um sich dann umso intensiver um die Rüstungen zu streiten. Das verschaffte den Nackten einen ausreichenden Vorsprung, um jede Verfolgung durch Fußtruppen aussichtslos zu machen.

Diese Verfolgung nahm stattdessen eine etwa zehn Mann starke Reitergruppe auf unter Führung des Adalmar – übersetzt ‚der mit guter Gesinnung'. Das war unser Nachbar-Clan-Chef aus dem Chattengau. Er stellte die splitternackte Truppen und befahl ihnen, sich eng zusammenzusetzen. Dann schickte er einen Boten zu Arminius und bat um meine Unterstützung als Dolmetscher. Arminius gab seine Zustimmung. Als ich ankam, erzählte er seine Geschichte.

Von den 70 Kriegern, die er mitgebracht habe, seien 50 tot, darunter sein Sohn. Der habe wie immer tollkühn und gegen seine Anweisung im Alleingang am ersten Tag die Römer frontal in ihrem Lager angegriffen, weil er dort angeblich sechs Mulis mit dem Bernstein gesehen habe.

Adalmar habe den zurückgebliebenen Frauen und Müttern versprochen, auf ihre Männer und Söhne aufzupassen. Er wisse nicht, wie er das Desaster den Witwen und Müttern beibringen solle. Außerdem bedeuteten diese Verluste das Ende seines Clans. Er habe kaum noch wehrfähige Männer gehabt. Aber als er die nackten Soldaten habe davonstürmen sehen, sei ihm eine Idee gekommen.

Ich musste das jetzt dolmetschen. Also fragte ich die Gruppe, wer denn ihr Anführer sei. Sixtus trat hervor, ein sehr athletischer Mann, der seinen Narben nach schon manche Schlacht geschlagen hatte. Ich schilderte ihm die Situation des Adalmar und übersetzte ihm dessen Vorschlag.

Die Alternativen lauteten folgendermaßen: Entweder würden sie hier auf der Stelle niedergemacht, oder sie würden die neuen Ehemänner der Witwen der im Clan ausgefallenen Krieger. Sie mussten ihr Ehrenwort geben, dass sie dies mindestens zehn Jahre lang blieben. Wenn auch nur einer sein Ehrenwort brechen sollte, würden alle erschlagen.

Sixtus fragte, welche Aufgaben denn ein chattischer Ehemann habe. Adalmar antwortete, übersetzt von mir: die Familie zusammenhalten, zur Jagd gehen, die Söhne zu guten Kriegern erziehen und abends in der Kneipe ordentlich Bier trinken. Und das Wichtigste: viele Kinder zeugen, möglichst Söhne.

Nach kurzer intensiver Beratung trat Sixtus vor und erklärte das Einverständnis der Kalabrier. Sie hätten nur die Bitte, ihren Verwandten im Süden Nachricht geben zu können. Adalmar willigte ein, allerdings müsse damit drei Monate lang gewartet werden. Dann schickte er mich wieder zu Arminius und bat für die Nackten um

Kleidung. Denn so könne er die Männer nicht in den Chattengau bringen.

Als ich Arminius die Geschichte erzählte, bekam der einen Lachkrampf. Nach einiger Überlegung und im Hinblick auf die Verdienste des Adalmar willigte Arminius ein. Er verpflichtete mich jedoch zu absolutem Stillschweigen, da es sonst demnächst in den germanischen Wäldern von lauter nackten Römern wimmeln würde."

„Eine tolle Geschichte mit einem guten Ausgang!" Pitt freute sich.

Marsch in das dritte Lager

Titus und Gerd stimmten in die Freude ein, und alle drei lachten von Herzen. Als siesich wieder beruhigt hatten, setzte Pitt das Interview fort.

„Zurück zum Krieg, der dümmsten Sache der Menschheit. War schon abzusehen, wem sich das Kriegsglück mehr zuwandte?“

„Während des zweiten Tages wurden die Kampfhandlungen noch intensiver“, erklärte Titus. „Immer wieder gelang es den Germanen, die Marschordnung unserer Legionen zu stören, einzelne Gruppen herauszulösen und zu vernichten. Jetzt hatten die Germanen sich eine Grausamkeit ausgedacht. Die Marschrichtung stand inzwischen fest. Wir konnten nur noch vorwärts; nicht links, nicht zurück, nicht rechts. Nur vorwärts.

Und so hängten einige Germanen tote Römer in die Bäume, die von den Legionen demnächst passiert werden mussten. Als wäre das noch nicht genug, nahm man auch verwundete, aber noch lebende Legionäre. Die Marschkolonne schritt unter den weinenden, wimmernden oder schreienden Kameraden hindurch.

Die demoralisierende Wirkung auf die Legionäre war erheblich. Hier kam es zum ersten Mal dazu, dass einige Legionäre sich in ihr Schwert stürzten.

Um diese Wirkung zu vermeiden, befahl der die Spitze des Zuges kommandierende Oberst einigen Bogenschützen, die noch lebend in den Bäumen hängenden Legionäre zu erschießen. Als diese die

Absicht erkannten, bettelten sie schreiend um die letzten Minuten ihres Lebens.

Die Wirkung war zudem kontraproduktiv: Jetzt wurde die Marschkolonne auch noch mit dem Blut ihrer getöteten Kameraden bespritzt. Ein älterer Feldwebel übernahm die Verantwortung. Er erstach den Oberst mit seinem Speer. Mit vereinten Kräften warf man den toten Oberst einen Abhang hinunter und beschleunigte das Marschtempo.

Wenn der Oberst seinen Tod noch erlebt hätte, wäre er froh gewesen, so überraschend und weitgehend schmerzlos gestorben zu sein. Denn seine Kameraden sollte es weitaus schlechter treffen.

Varus wurde durch die sehr schwierige Lage immer unsicherer. Er schickte weitere fünf seiner ihm verbliebenen 40 Reiter an den Rhein, um seinen Neffen Lucius Nonius Asprenas noch einmal nachdrücklich anzuweisen, ihm mit den dort verbliebenen beiden Legionen zu Hilfe zu kommen.

Der Befehl war offensichtlich missverständlich weitergegeben worden: Alle 40 Reiter verschwanden in Richtung Rhein."

Das dritte Lager

Pitt musste erst einmal verdauen, was er gerade gehört hatte. Gerd fuhr fort:

„Für das dritte Lager hatten Arminius und seine Offiziere sich eine List ausgedacht. Man wollte den Römern einen nahezu idealen Lagerplatz anbieten. Wenn sie dort ihr Lager errichtet hätten, sollte es zur Entscheidungsschlacht kommen.

Zwei Schleudergeschütze, die die Römer im zweiten Lager vermeintlich zerstört zurückgelassen hatten, hatte man wiederherstellen können. Das Lager lag in einer mit bloßem Auge schlecht als solcher erkennbaren Senke. Gegen eventuelle Ausbruchsversuche hatte man Bäume geschlagen, die gut als Deckung zu nutzen waren.

Sowie das Lager errichtet worden wäre, sollte der Weg nach Westen durch das Aufstauen eines kleinen Flusses unpassierbar gemacht werden. Innerhalb von sechs Stunden sollte das ganze Römerlager mindestens zwanzig Zentimeter unter Wasser stehen. Arminius wollte die Römer hier belagern und innerhalb von zwei Tagen aufreiben."

„Wie wir wissen, konnte hier noch keine Entscheidung herbeigeführt werden. Hatte Varus die List des Arminius durchschaut?", wollte Pitt wissen.

„Zunächst war er sehr froh, einen so geeignet erscheinenden Lagerplatz gefunden zu haben. Die Angriffe der Germanen hatten aufgehört. Wahrscheinlich hatte man ihnen zu große Verluste beigefügt, hatte er die Hoffnung, sodass sie eine Pause brauchten oder den Kampf sogar ganz aufgaben. Jedenfalls diktierte er dies dem Aulus in die Tontafel.

Die Legionäre begannen ein Lager zu errichten. Alle waren körperlich am Ende und froh, eine Nacht ausruhen zu können. Varus war in seinem Zelt schon erschöpft eingeschlafen. Irgendwie war er auch mental am Ende."

„Was haben Sie in dieser Situation gekocht?"

„An Kochen war nicht zu denken", erwiderte Titus. Es regnete immer noch in Strömen. Also gab es lediglich getrocknetes Obst.

Aber in die Lagebesprechung der Offiziere platzte Neele und schrie in höchster Erregung: ‚Seht ihr nicht, dass dies eine Falle ist? Wir lagern in einer Senke, durch die zwei Bäche führen. Wenn Arminius die Bäche anstauen lässt, können wir morgen alle schwimmen. Und seht die Bäume! Das Laub ist trocken. Die Bäume wurden gefällt und sollen uns am Ausbruch hindern.'

Die Generäle fanden es absolut unpassend, dass ein weibliches und dazu aus ihrer Sicht sehr unmoralisches Kind ihnen Vorschriften machen wollten. Es mischte sich der Offizier der Leibwache ein (der damals den betrunkenen Cicero schlechtgemacht hatte): ‚Die Neele hat recht. Und was soll eine Nacht, in der wir eh nicht schlafen können? Ich bin dafür, dass wir weitermarschieren.'

Varus hatte sich offensichtlich erholt. Er trat vor sein Zelt und befahl: ‚Neele hat recht. Wir marschieren weiter.'

Der General Cicero war außer sich. Denn dieser Kläffer von der Leibwache hatte ihm widersprochen, und Varus war ihm gefolgt und nicht den Generälen. ‚Wenn wir hier raus sind, lasse ich dich ans Kreuz schlagen', raunte er dem Oberst der Leibwache zu.

Als die Römer aus der Senke herauskamen, konnten sie erkennen, dass sie nur knapp einer Katastrophe entgangen waren.

Die Generalität erklärte Neele daraufhin zu einer Hexe, denn mit menschlichen Fähigkeiten habe man den Hinterhalt nicht erkennen können."

„Es kam zu einem schwerwiegenden Zwischenfall. Sie müssen wissen: Neele wich in der ganzen Zeit nicht von der Seite ihres Varus. Sie sprach ihm Mut zu und entlarvte so manche scheinbar gute Nachricht der Generalität, die Varus hatte beruhigen sollen. Auch riet sie ihm davon ab, die Reiter loszuschicken: ‚Asprenas weiß ganz sicher über unsere schwierige Situation Bescheid, und er kommt sowieso zu spät. Wir müssen uns selber helfen.'

Plötzlich entstand größere Unruhe. Ein Stoßtrupp der Cherusker versuchte in einem Überraschungsangriff auf das Zelt des Varus, diesen zu entführen oder zu töten. Die neu formierte Leibwache war überfordert. Auf fünf Meter waren die Angreifer schon an das Zelt herangekommen, als Neele eingriff.

Sie entriss einem Leibwächter dessen Speer und schleuderte ihn gegen die Angreifer. Der Speer traf den wie erstarrt staunenden Anführer tödlich. Der nächste Speer blieb im Oberschenkel eines Cheruskers stecken. Alles hatten sie erwartet, aber nicht eine blonde

Amazone als Leibwache des Varus. Und als noch der Ausruf ‚eine Hexe, eine Hexe' ertönte, zog der Spähtrupp sich zurück.

Die Heldentat der Neele war natürlich auch der Generalität nicht verborgen geblieben. Jetzt war klar, wer an der schwierigen Lage der Legionen schuld war: Neele war eine Hexe, und sie hatte Varus in der Gewalt. Sie musste beseitigt werden."

Pitt wollte nun vor allem wissen, wie es bei den Germanen weiterging.

„Da war Arminius wohl überrascht, als die Römer weiterzogen?", fragte Pitt Gerd.

„Er war entsetzt! Und deprimiert und misstrauisch. Der Plan musste verraten worden sein. Er beschuldigte die Familie seines Schwiegervaters Segestes. Dieser beteuerte seine Unschuld, und der ganze Clan machte sich aus dem Staube. Das wertete Arminius als Schuldeingeständnis. Ein Vetter des Segestes, der wegen eines Vollrausches die ganze Aktion nicht mitbekommen hatte, gestand nach kurzem, intensivem Verhör alles und wurde wegen Hochverrats hingerichtet.

Arminius überlegte, den Kampf abzubrechen. Die Krieger waren müde. Er hatte sie sehr gefordert. Denn nicht nur die Römer, auch die Germanen hatten die letzte Nacht nicht geschlafen. Und es regnete seit Tagen auch bei den Germanen, nicht nur bei den Römern. Die übermenschlichen Anstrengungen, diesen Hinterhalt zu errichten, zeigten Wirkung. Und dann der vermeintliche Verrat. ‚Wie soll ich so diesen Kampf gewinnen!', stöhnte er.

Ich holte meinen Vater. Dem gelang es eigentlich immer, Arminius zu motivieren. Das war auch diesmal so. Er brachte einen etwa 20-jährigen jungen Mann vom Stamm der Amsivarier mit. Im Grunde nahm dieser Stamm mit Ausnahme einiger freiwilliger Gruppen am Kampf nicht teil."

Was der wohl schon Hilfreiches zu sagen haben konnte? Pitt war skeptisch. Gerd merkte das deutlich und fuhr fort, fast ein wenig stolz.

„Dieser junge Mann schilderte, wie er als Kind zusammen mit seinem ganzen Stamm Hirschrudel, Wölfe und wilde Pferde gejagt habe – und zwar so erfolgreich, dass es diese Tiere in der Gegend kaum noch gebe. Aber die Anlage existiere wohl noch.

Sie bestehe aus Wällen, Palisaden und Holzzäunen, die sich trichterförmig verengten: auf der einen Seite das Moor, auf der anderen Seite der Wall. Sei erst einmal ein Wildrudel in den zunächst 400 Meter breiten Trichter gelaufen, sei es vorsichtig immer weiter zur engsten Stelle getrieben worden.

Auf den letzten 400 Metern sei die eine Trichterseite ein Wall, die alle 100 Meter einen schmalen Durchlass habe. Hätten die Tiere diesen Durchlass passiert, sei hinter ihnen von den Jungen des Dorfes Feuer entzündet worden, das immer größere Panik unter den Tieren verursacht habe. Sie seien im Moor versunken, wo sie von den leichteren Hunden getötet worden seien, oder sie seien an der engsten, nur 40 Meter breiten Stelle von den Jägern erlegt worden. ‚Und', sagte er voller Erregung zu Arminius, ‚so müssen wir es mit den Römern auch machen.'"

Der vierte Tag

Pitt lächelte überrascht. Ob dieser Plan aufgehen würde?

„Drei Tage erbitterte Kämpfe, die Nacht ohne Schlaf. Wie war die Moral der Legionen?“

„Sie besserte sich im Laufe des dritten Tages, da es kaum zu Kampfhandlungen kam“, erwiderte Titus. „Die Offiziere gingen davon aus, dass Arminius aufgrund seiner großen Verluste nicht mehr in der Lage sein würde, erfolgversprechende Angriffe zu wagen. Allerdings waren von den ehemals drei Legionen nur noch 4 000 bis 5 000 Legionäre kampfbereit. Dafür konnte man jetzt sehr kompakt agieren, denn es waren hauptsächlich die Eliteeinheiten der XVII. Legion, die die wenigsten Verluste erlitten hatten und die auch immer noch von sich und einem Sieg der Römer überzeugt waren. Sogar die Marschgeschwindigkeit erhöhte sich.

Doch dann traf die nächste schlechte Nachricht bei Varus ein: Die friesischen Hilfstruppen hatten bemerkt, dass Landsleute von ihnen an der Seite des Arminius kämpften. Es war ihnen vertraglich zugesichert worden, dass sie nicht gegen Friesen kämpfen mussten. Also hatten sie mit ihren Waffen die Seiten gewechselt und sich Arminius angeschlossen.

Varus befahl daraufhin, die verbliebenen Hilfstruppen der linksrheinischen germanischen Ubier zu entwaffnen. Wie schon zu Beginn der Kampfhandlungen gesehen: Die Ubier verschwanden in den Wäldern. Sie verhandelten mit Arminius. Sie wollten nicht gegen ihre ehemaligen Verbündeten kämpfen, sondern nur zu ihrem Stamm zurückzukehren. Arminius stimmte zu. Für ihn erfreulich: Etwa die Hälfte der Ubier brach mit den Römern und ihrem Stamm. Sie wurden wie auch die Friesen in die Erste germanische Legion integriert."

Titus streckte die Knochen aus, Pitt gönnte ihm eine Pause und befragte lieber Gerd weiter.

„Gerd, waren die Germanen wirklich so geschwächt, dass sie zu Angriffen nicht mehr in der Lage waren?", wollte Pitt wissen.

„Nach Schätzungen des Arminius hatten wir in den bisherigen Kämpfen etwa 15 000 Mann verloren. Ihm standen einschließlich der Friesen und eines Teils der Ubier noch etwa 5 000 ausgebildete Soldaten und etwa die gleiche Zahl an Bauernkriegern zur Verfügung.

Aber die Römer steuerten geradewegs auf die ehemalige Jagdfalle zu. Uns gelang es, mit letzter Kraft an den Römern vorbeizuziehen und die Wälle zu besetzen. Als die Römer erkannten, dass hier die Entscheidungsschlacht stattfinden würde, waren sie zunächst wie erstarrt. Aber auch wir mussten uns sammeln und hatten nicht die Kraft für einen sofortigen Angriff."

Der Tod des Varus

Als Pitt sah, dass Titus wieder gesprächsbereit war, stellte er ihm die nächste Frage.

„War damit dem Varus klar, dass der Kampf verloren war?“

„Varus verdrängte weiter. Aber zum ersten Mal in diesem Feldzug waren die Generäle und Obersten sich einig. Der Krieg war fast aussichtslos, und sie wussten, wer daran schuld war. Sie marschierten zum Zelt des Varus und forderten ihn ultimativ auf, die Neele herauszugeben“, erwiderte Titus.

„Varus war klar, was dann mit Neele passieren würde. Trotzdem starrte er die Offiziere nur an. Zwei traten vor und griffen sich Neele. Ich nahm mein längstes Küchenmesser und wollte Neele verteidigen.

‚Lass nur‘, sagte Neele. ‚Ich weiß doch, dass du und Gerd meine einzigen echten Freunde seid. Und versprich mir, wenn das hier alles vorbei ist: Begrabt mich bitte an der Weser. Ihr wisst schon, wo.‘ Und zu Varus sagte sie leise: ‚Varus, ich wollte doch mit dir kämpfen und sterben.‘

Die Generäle schlugen schon beim Hinausgehen auf Neele ein. Varus stand da mit hängenden Armen und wimmerte: ‚Was habe ich getan? Ich will nicht mehr leben.‘

‚Das kannst du haben‘, dachte ich, griff mein Küchenmesser und stieß es ihm ins Herz.

Er röchelte nur noch: ‚Auch du, mein Sohn Titus ...‘

Die Leibwache wollte sich auf mich stürzen. Aber ein lauter Befehl ihres Obersten hielt sie zurück. ‚Denken wir doch einmal logisch', sagte der Oberst. ‚Varus ist tot. Niemand macht ihn wieder lebendig. Und wir sind schuld, jedenfalls dann, wenn sich die Geschichte so zugetragen hat, wie wir sie gesehen haben. Es kann aber auch ganz anders gewesen sein: Varus hat sich voller Verzweiflung in sein Schwert gestürzt.'

Sie hoben mit drei Mann den Varus hoch, setzten sein Schwert genau an die Stelle, wo ihn mein Küchenmesser getroffen hatte, und ließen ihn vornüber in sein Schwert fallen.

Der Oberst wandte sich mir zu: ‚Du kannst doch so gut mit der Zecke von Arminius. Du trennst jetzt den Kopf des Varus ab und bringst ihn Arminius. Wenn er den Kopf des Varus hat, lässt er vielleicht von uns ab und uns laufen.'

Ich tat, wie mir aufgetragen worden war. Die Markomannen sollen sich später über den sauberen Halsschnitt bei Varus gewundert haben. Wenn die Germanen sonst jemanden enthaupteten, flog meist der halbe Kopf mit weg.

‚Gut', sagte ich, ‚ich bringe den Kopf zu Arminius. Aber ohne die Neele gehe ich nicht.'

‚Die ist tot', erwiderte der Oberst. ‚Man hat sie ins Moor geworfen.'"

Mit Neele zu Arminius

„‚Dann holen wir sie da raus‘, sagte ich. ‚Ich rufe jetzt den Gerd (die Zecke), und wir suchen die Neele. Und ihr garantiert mir, dass dem Gerd nichts passiert. Passt ein bisschen besser auf als bei Varus! Dann holen wir die Neele und bringen Arminius den Varus-Kopf.‘

‚Einverstanden‘, sagte der Oberst und nickte.

Dann ging es ganz schnell. Gerd hatte die ganze Situation vom Wall aus beobachtet und wusste, wo die Neele lag. Wir liefen zu der Stelle. Neele war noch nicht tot, aber tödlich verletzt. Sie war auch – Gott sei Dank! – nicht im Moor versunken, und zwar deshalb, weil die römischen Generäle eine etwas größere Pfütze für ein Moor gehalten hatten. Gerd nahm die Neele über die Schultern, ich packte den Kopf des Varus an den Haaren, und wir verließen die römische Legion.

Unter einer dichten Laubkrone legten wir Neele ins Moos. Wie aus dem Nichts standen plötzlich Arminius, Gerds Vater und drei oder vier weitere Reitern hinter uns.

‚Ist sie tot?‘, fragte er.

‚Nein‘, antwortete Gerd, ‚aber sie stirbt.‘

Neele sah Arminius und lächelte. ‚Schön, dass du da bist‘, sagte sie leise. ‚Habe ich dir Schande gemacht?‘

‚Nein, Thusnelda, ich bin stolz auf dich.‘

‚Thusnelda?‘, fragte Gerd.

‚Ja, Thusnelda. Sie ist meine Nichte.'

‚Wir kommen wieder und holen dich', flüsterte ich Neele zu.

Sie lag in unseren Armen und bat: ‚Begrabt mich dort, wo ich mit Varus so glücklich war', und starb.

Arminius stieg vom Pferd, kniete nieder und vergrub sein Gesicht in den Händen.

Nach einer langen Zeit richtete er sich auf und wandte sich seinen Begleitern zu. Wie wir später erfuhren, waren es die Kriegsherzöge der Marser, Usipeter und der Brukterer. Arminius konnte kaum sprechen, so bebte er vor Trauer und Zorn. ‚Wir bringen das jetzt zu Ende. Es werden keine Gefangenen gemacht. Nur die Offiziere will ich lebend. Wir werden sie an die Bäume nageln.'"

Neue Taktik der Römer

„Wie ging es im Kessel weiter, wer führte denn jetzt die Römer?“, wollte Pitt wissen, um das Thema zu wechseln.

„Nach dem Tod des Varus hätte eigentlich Piso, General der XVII. Legion, das Kommando übernehmen müssen“, erklärte Titus. „Der war jedoch schwer verletzt und übergab an Cicero. Cicero war bei den Legionären sehr geachtet. Er war als Jugendlicher Gladiator im Circus gewesen. Aufgrund seiner kämpferischen Fähigkeit und vieler Siege war er freigelassen und von einer kinderlosen adeligen Familie adoptiert worden. Er hatte aber nie vergessen, woher er gekommen war.

Es gelang ihm noch einmal, die Legionäre zu motivieren. ‚Im Moment sind wir eingekesselt. Die Wälle bieten den Germanen idealen Schutz, um gegen uns aus der Deckung heraus zu operieren. Wenn wir jedoch die Wälle besetzen, sind es perfekte Verteidigungswälle. Dann igeln wir uns hier ein und warten auf die Ankunft des Asprenas!‘

Die Legionäre wussten, es war ihre letzte Chance. Cicero griff persönlich in die Kämpfe ein. Das war bei römischen Offizieren nicht üblich. Den Römern gelang es tatsächlich, an einigen Stellen die Wallkrone zu erobern und sogar weiter vorzustoßen.“

Das Gottesurteil

Titus’ Augen funkelten; irgendwie war er stolz auf diese taktische Überlegung seiner Landsleute und auf den starken Willen, der hinter der Umsetzung stand.

Gerd berichtete aus germanischer Sicht: „Arminius hatte bisher nicht direkt an den Kämpfen teilgenommen – wiederum anders als bei den Germanen üblich: Der Clanchef stürmte normalerweise an der Spitze seiner Krieger gegen den Feind. Arminius sah, er musste jetzt ein Zeichen setzen. Er stieg von seinem Pferd, ließ sich Schwert und Schild geben und rückte seinen Wildschweinhelm zurecht. Es gelang ihm, mit den Soldaten seiner Ersten germanischen Legion die Römer von diesem Wallabschnitt zurückzuwerfen.

Es geschah das Unerwartete. Plötzlich stand er Cicero, der seinen Truppen zu Hilfe eilen wollte, direkt gegenüber. ‚Ein Gottesurteil‘, raunte es durch die germanischen Reihen. Als vages Gerücht erreichte es auch die römischen Legionäre. Die Römer wussten nicht genau, worum es ging, stellten aber wie die Germanen die Kampfhandlungen ein, um wie gebannt diesem Zweikampf zuzusehen.

Eines war klar: Wenn Arminius verloren hätte, hätten die Germanen dieses Gottesurteil akzeptiert und die Kämpfe eingestellt. Alle wussten: Dies war der entscheidende Zweikampf der Varusschlacht.

Und Cicero, der gelernte Gladiator, war dem Reitergeneral im Schwertkampf deutlich überlegen. Schon nach wenigen Minuten hatte er die Wallkrone erreicht. Cicero holte zum entscheidenden Schlag aus.

Da sank er vornüber, tödlich getroffen von einer Lanze aus den eigenen Reihen.

Arminius lag unter Cicero. War zu erschöpft, um aufzustehen. Dann erklomm er, gestützt von zwei Soldaten, die Dammkrone, rückte seinen albernen Schweinehelm zurecht und erhob das Schwert zum Zeichen des Sieges.

Siegesgebrüll bei den Germanen, tiefes Entsetzen bei den Römern. Ohne Cicero waren sie verloren. Es begann ein fürchterliches Schlachten. Die Germanen waren so von Sinnen, dass sie teilweise ihre eigenen Leute angriffen. Am Abend gab es keine lebenden römischen Legionäre mehr."

„Titus, du warst ja nicht mehr bei den Römern. Aber wer, zum Teufel, hat dem Cicero die Lanze in den Rücken geschleudert?", fragte Pitt.

„Gesehen habe ich es nicht", sagte Titus. „Aber kurz vor Ende der Kämpfe kam der Oberst der Leibwache unbewaffnet und mit erhobenen Händen zu den Friesen, zu denen er wohl guten Kontakt hatte, und bat um das Leben für sich und seine Mannschaft.

Die Friesen erbaten ein Urteil von Arminius und erreichten immerhin, dass die Legionäre sich gegenseitig enthaupten durften. Nur der letzte sollte als Opfer für die Götter an einen Baum genagelt werden. Als Arminius sah, dass der Oberst sich für seine Leute an den Baum nageln lassen wollte, gab er ihm die Gnade und enthauptete ihn eigenhändig."

Angebot an Marbod

Pitt würgte es im Halse. Wie der Krieg aus Menschen Bestien machte, entsetzte ihn immer wieder aufs Neue.

„Am nächsten Morgen war es sehr still. Keine Jubelgesänge, keine Feiern. Alle ahnten wohl, dass sie etwas wahrhaft historisches vollbracht hatten.

Zum ersten Mal seit Tagen schien die Sonne.

‚Nun zu euch', sagte Arminius. ‚Gerd, du nimmst noch fünf Krieger mit, und ihr bringt den Kopf des Varus zu Marbod dem König der Markomannen. Du, Titus, gehst am besten mit. Nach Rom zurück kannst du nicht. Marbod befindet sich etwa zehn Tagesreisen von hier mit einer kleinen Armee. Sag ihm, wenn er sofort Rom angreift, werde ich über den Rhein gehen. Und, Gerd, nimm die Lucretia mit!'"

„Eine Wahnsinnsgeschichte!", warf Pitt ein. „Aber ihr seid dann zu Marbod durchgekommen?"

„Der Gerd hat das aber nur knapp überlebt", erwiderte Titus. „Da er sich jede Nacht mit der Lucretia oder sie mit ihm vergnügt hat, ist er mehrmals vor Müdigkeit vom Pferd gefallen."

„Na, hör zu! Du hast doch auch dein Recht bekommen!", empörte sich Gerd.

„Aber nur, damit ich einschlafe und ihr eure Ruhe habt!", verteidigte sich der Angesprochene.

„Und ich dachte, Sie wären in Neele verliebt?", fragte Pitt.

„Das ist doch ganz etwas anderes! Das muss man trennen“, sagte Gerd.

Um diese Situation zu verlassen, wechselte Pitt gekonnt das Thema, zur Sachlichkeit zurückkehrend.

„Ging Marbod auf die Vorschläge des Arminius ein?“

„Marbods Gesinnung hatte Arminius falsch eingeschätzt“, antwortete Gerd. „Der Markomanne betrachtete uns als seine Feinde. Wir wurden sofort in ein Verlies geworfen. Offensichtlich wollte man für uns von Arminius ein Lösegeld erpressen – oder uns gleich beseitigen.

Aber dann schnupperten wir einen uns bekannten Duft. Der Kerkermeister stand mit der Lucretia in der Tür.

‚Nur diese eine Nacht!‘, hörten wir ihn flehen.

‚Viele Nächte, aber erst lässt du die hier frei.‘

‚Sofort, sofort!‘, wimmerte er.

‚Und gib ihnen ihre Pferde zurück!‘

‚Natürlich‘, schmachtete der Kerkermeister.

‚Und lass uns jetzt allein, ich komme gleich.‘

‚Wirklich? Gleich?‘ Und er ging.

‚Das Kraut ist aus den Restbeständen Alsunas', lächelte Lucretia mich an und umarmte mich. ‚Es war schön mit dir. Schade dass du eine andere liebst!'"

„Wissen Sie, was aus ihr geworden ist?", fragte Pitt.

„Zum Teil. Sie wurde, wohl dank der Kräuter Alsunas, Marbods Geliebte. Das verbrauchte aber so viel Glück, dass ihn eine Revolution hinwegspülte. Er musste in Rom Asyl suchen und verstarb dort. Von Lucretia haben wir nichts mehr gehört. Vielleicht war ihre Schönheit verblüht oder das Liebeskraut alle", meinte Gerd.

Auf zu Adalmar

Gerd legte den Kopf in den Nacken, dachte an Lucretias Schönheit und ihr betörendes Wesen und schwieg, Titus starrte vor sich hin. Pitt konnte regelrecht hören, was in ihnen vorging. Um sie wieder auf andere Gedanken zu bringen, fragte er sie danach, wie es für sie weitergegangen sei.

„Und wohin führte euch euer Weg?"

„Wir haben ein wenig überlegt. Bei den Germanen war Titus gefährdet. Die Römer wiederum hätten mich ans Kreuz genagelt und den Titus gleich mit. Also beschlossen wir, zu Adalmar zu reiten. Dort war man Römer gewöhnt, und wir konnten ein wenig abwarten, bis die größte Aufregung vorüber wäre", erklärte Gerd.

„Es war ein wunderbarer Ritt durch den Spätherbst. Wir wurden überall als Helden gefeiert. Unsere Strecke, die wir pro Tag marschierten, reduzierte sich auf 15 Kilometer, da wir morgens immer große Probleme hatten, uns von den Mädels zu trennen. Die waren ganz begeistert, da ich meine bei Lucretia gewonnenen Fertigkeiten natürlich anwandte.

Die jungen Männer beteuerten, sie wären auch gern dabei gewesen, aber die Oma oder die Tante oder wer auch immer hätte sie abgehalten. Unsere Geschichten von der Schlacht erzählten sie weiter, als wären sie es selbst gewesen. Es wimmelte in Germanien nur so von Helden.

Die 20 000 toten Krieger kamen nicht zu Wort.

Endlich waren wir bei Adalmar und hatten ein wenig Ruhe. Ein wenig deshalb, da auch hier die Mädels die ganze Nacht hindurch, mit kurzen Unterbrechungen, unseren Heldengeschichten lauschten."

Gerd fuhr fort: „Ich wollte Sixtus besuchen. Fand ihn auch, aber er war erblindet. Ich erfuhr, dass es in dem Dorf an der Eder noch zu einem dramatischen Zwischenfall gekommen war. Adalmar hatte damals die Männer den Witwen zugeteilt. Sie trauerten noch um ihre gefallenen Männer. Aber ohne Männer gingen sie einem sicheren Tod oder der Sklaverei entgegen.

Da die Legionäre weder verheiratet waren noch feste Beziehungen hatten (die Stammprostituierten mal außen vor gelassen), machten nahezu alle in dem Moment einen nicht unzufriedenen Eindruck.

Die chattischen Frauen waren durchaus ansehnlich bis sehr hübsch. Adalmar teilte die Männer den Frauen zu. Für Sixtus jedoch hatte er seine Nichte vorgesehen – seine Lieblingsnichte. Und so, wie man Neeles Schönheit nicht beschreiben kann, kann man die Hässlichkeit dieser Nichte unmöglich darstellen. Sie war einfach hässlich. Als Sixtus die Frau sah, rief er nur: ‚Nein, nein, nein! Die nehme ich nie! Lieber sterbe ich.'

‚Das kannst du haben', sagte Adalmar, zog sein Schwert und wollte den Sixtus erschlagen. Aber seine Nichte fiel ihm in den Arm.

‚Lieber Onkel', sagte sie, ‚verstehe ihn doch! Ich weiß doch, dass ich hässlich bin. Gib ihm doch noch eine Chance!'

Adalmar ging darauf ein: ‚Gut, aber dann wird er nie wieder sehen, ob du hässlich oder hübsch bist.' Er zog seinen Dolch und stach Sixtus beide Augen aus. Sixtus wand sich vor Schmerzen und wurde sofort von seiner neuen Frau in den Arm genommen. Sie pflegte seine Wunden und war überhaupt sehr zärtlich zu Sixtus. Man könnte jetzt sagen, da gingen ihm die Augen auf. Aber das hatte sich erledigt. Durch die große Nähe zu seiner Frau fanden sie zueinander. Sie tat alles für ihn, sie verwöhnte ihn, wo sie nur konnte, und sie war ihm auch eine sehr, sehr gute Liebhaberin.

Am nächsten Tag war Adalmar zutiefst unglücklich. Er bereute seine Tat, ging zu Sixtus und bat ihn um Vergebung.

Sixtus sagte: ‚Adalmar, du bist derjenige, der mir mein Augenlicht genommen hast. Aber vergiss nicht: Du hast mir mein Leben geschenkt. Ohne dich wäre ich jetzt tot. Und Tote brauchen keine Augen.'

Es entwickelte sich zwischen Adalmar und Sixtus eine tiefe Männerfreundschaft. Beide hatten in ihrem Leben schon viel erlebt, und beide waren sich einig, dass der Krieg nicht nur das schrecklichste, sondern auch das dümmste Unterfangen der Menschheit war.

Die Kalabrier taten im Übrigen der Region sehr gut. An einem zu dem Flüsschen Eder gelegenen Steilhang bauten sie Wein an. Im Tal errichteten sie durch Umleitung des Flüsschens die erste Wassermühle in der ganzen Region. Zum Gedenken an ihre Ankunft pflanzten sie im Tal eine Eiche, die Wallfahrtsort der nachfolgenden Generationen wurde – bis 700 Jahre später ein religiöser Eiferer unter dem Schutz eines Möchtegernkaisers den Baum abbrannte."

Zurück nach Köln

„Irgendwann sehnten wir uns nach der Zivilisation zurück“, berichtete Titus. „Wir ritten zum Oberrhein, schwammen hindurch und kamen schließlich nach Köln. Das war zunächst auch nicht einfach. In der aufgeheizten Stimmung in der Stadt galten Titus als Deserteur und ich als Mörder.

Aber wir hatten wieder einmal Glück: Zu Beginn der Kämpfe hatte ich unter den Legionären den Sohn meiner ehemaligen Wirtsleute in Köln erkannt. Wir blieben die vier Tage in Kontakt, und mit Arminius’ Zustimmung schleuste ich ihn und seine Freunde durch die germanischen Reihen. Sie hatten es tatsächlich zu Fuß und halb verhungert bis nach Haltern geschafft und waren noch rechtzeitig mit einem Versorgungsboot nach Xanten gekommen. Gerade als es für uns sehr schwierig wurde, kamen sie in Köln an. Und von da an galten wir als Helden.

Und was macht man so als Held? Man macht eine Kneipe auf. Die war genau oberhalb der Stelle, an der wir jetzt liegen. Es war spät in der Nacht, als mit einem lauten Krach unser ganzes Haus in die Tiefe rutschte – und wir mit. Wie Neele gesagt hatte: Unser Vorrat an Glück war verbraucht. Als wir unten waren, stellten wir fest, dass wir wohl tot waren. Dann haben wir auf dich gewartet.“

Die Jutesäcke

Pitt freute sich – so schloss sich der Kreis. Jetzt brauchte er nur noch alles aufzuschreiben und zu veröffentlichen. Doch da wurde er unsanft an seine Verpflichtung erinnert.

„So, Pitt, jetzt haben Sie Ihre Geschichte. Jetzt kommt der zweite Teil der Abmachung. Dort hinten liegen einige Jutesäcke“, sagte Titus.

„Wo?“

„Na, dort, neben dem Geröllhaufen. Da packen Sie unsere Gebeine hinein und nehmen noch einen dritten Sack mit“, befahl Titus.

„Aber bitte genau zuordnen!“, forderte Gerd. „Nicht, dass ich aufwache und habe seine Schweißfüße.“

Titus grinste: „Gegen deinen Knackarsch hätte ich nichts. Aber weiter zu Ihnen, Pitt. Sie packen die drei Säcke, zweimal mit Inhalt, in den Kofferraum Ihres Autos. Das Navi ist voreingestellt und bringt uns bis auf 100 Meter an den Zielort.“

Pitt erwiderte zweifelnd: „Das geht doch hier nicht mit rechten Dingen zu!“

„Hat das jemand behauptet? Aber denken Sie an unseren Vertrag!“, erinnerte ihn Gerd.

„Ist ja gut“, sagte Pitt und tut, was man ihm aufgetragen. Das Navi zeigt als Zielpunkt ein freies Gelände in der Nähe von Osnabrück an. „So viel kann ich doch gar nicht getrunken haben, dass ich mich auf so etwas einlasse!“, dachte er.

Und es kam, wie es kommen muss: Pitt geriet in eine Polizeikontrolle. Man schaute in das Innere des Pkw.

„Was suchen Sie denn?“ fragte Pitt den jungen Polizisten.

„Hören Sie denn kein Radio? Irgendein Verrückter soll hier mit zwei Leichen durch die Gegend fahren“, kam es von einem anderen Autofahrer.

„Machen Sie bitte Ihren Kofferraum auf!“, forderte der Polizist. Er inspizierte alles mit seinen scharfen Augen. „Was ist das?“, deutete er auf die Jutesäcke.

„Zwei Leichen“, grinste Pitt.

„Hauen Sie bloß ab, Sie Komiker!“, winkt der Ordnungshüter Pitt durch.

„Der hat meine Alkoholfahne nicht gerochen! Irgendetwas geht hier nicht mit rechten Dingen zu“, sagte Pitt und kam aus dem Staunen nicht mehr heraus.

Als der Wagen wieder fuhr, tönte es aus dem Kofferraum: „Gut gemacht, Pitt! Aber grüble nicht so viel!“

Neele wird gefunden

Schweigend fuhr Pitt weiter. Er fasste einfach nicht, was ihm da widerfuhr. Sollte er verrückt geworden sein?

„Nach 100 Metern haben Sie das Ziel erreicht", sagte die resolute Dame aus dem Navi. Pitt holperte über einen Feldweg und steht am Rand eines Buchenwaldes.

„Und jetzt?", fragte er mit zögernder Stimme.

„Etwa hundert Meter nach Süden bis zu einem Felsen direkt am Waldrand. Dann müssen Sie links neben dem Felsen etwa dreißig Zentimeter tief graben. Ein Spaten liegt hier im Kofferraum."

„Ich habe keinen Spaten", murrte Pitt und sah im gleichen Moment einen nagelneuen Spaten noch mit dem Preisschild des Baumarktes. Aber ihn wunderte sowieso nichts mehr.

Pitt fing an zu graben und stieß nach kurzer Zeit auf die ersten Knochen.

„Vorsicht!", tönte es aus der Erde.

Pitt war vorsichtig, und dann wandelte sich das Skelett in eine unbeschreiblich schöne Frau. Das musste Neele sein.

„Ihr habt euch aber Zeit gelassen!", lächelte sie die beiden Jutesäcke an.

„Wir wurden aufgehalten", tönte es von rechts.

„Aber einen süßen Freund habt ihr da mitgebracht! Schade, dass er 2000 Jahre zu jung ist."

Pitt zitterte am ganzen Körper, als er die Knochen einpackte. „Mein Gott, ist die – war die – schön!" Er setzte sich ins Auto. Fahren konnte er so nicht. Die Ohren sausten, die Augen flimmerten.

„Und als ich Ihnen von meiner ‚Schnappatmung' erzählt habe, haben Sie die Augenbrauen hochgezogen!"

„Sorry", stöhnte Pitt mit belegter Stimme. „Die Frau ist ja wirklich einmalig."

„Lassen Sie sich ruhig Zeit, wir haben schließlich 2000 Jahre gewartet", sagte Jutesack Gerd.

„Aber irgendwann kann es schon mal losgehen", meinte eine Frauenstimme.

Pitt gelang es schließlich, den Wagen zu starten. Das Navi wusste natürlich schon wieder, wohin es gehen sollte. Es leitete ihn nicht, wie es nahegelegen hätte, auf die A2, sondern direkt über Bundes- und Landesstraßen, mitunter auch über Feldwege durch eine sehr einsame Gegend, wo die meisten Ortsnamen mit „-moor" oder „-bruch" endeten.

„In welche gottverlassene Gegend schickt ihr mich?"

„Du fährst in etwa den Weg, den die Legionen des Varus marschiert sind, nur in anderer Richtung."

„Der Varusweg!" Pitt begriff.

Nach Stunden ging es über die Weser in eine schöne kleine Fachwerkstadt. Das Navi befahl: „Der Straße sechs Kilometer folgen.“ Nachdem ein kleines Gewerbegebiet passiert worden war, ging es rechts ab. Endlich die erlösenden Worte aus dem Navi: „Nach 400 Metern haben Sie Ihr Ziel erreicht.“

Am Sommerlager

Pitt stieg in die Bremsen und brachte den Wagen gerade noch zum Stehen.

„Was ist los?“, fragte Jute-Gerd. „Vor Ihnen liegt das Gelände des Sommerlagers.“

„Hier ist kein Gelände! Ich stehe direkt an einem Steilufer. Und unten fließt die Weser. Weiter geht es nicht.“

Aus dem Kofferraum grummelte es. Offensichtlich berieten die Jutesäcke.

„Also das Lager ist weg. Das hat sich der Fluss geholt. Dann bringen Sie uns zu der schönsten Stelle hier auf dieser Strecke.“

„Aber bitte mit Blick auf die Weser“, tönte eine Frauenstimme.

„Moment“, sagte Pitt, „dort unten angelt ein alter Mann. Den werde ich fragen.“

„Entschuldigen Sie bitte!“, rief Pitt diesem zu, und noch einmal: „Entschuldigen Sie bitte!“

„Ich habe Sie schon gehört, aber ich muss erst einmal mein Boot heranholen. Das funktioniert wie eine Fähre.“

„Gibt es hier eine Fähre?“, wollte Pitt wissen.

„Früher gab es hier sogar bis in das 19. Jahrhundert hinein eine Furt, dann eine Fähre. Aber die wurde vor einigen Jahren auch stillgelegt.“

„Sie kennen sich hier aus? Ich suche einen Platz, wo ich meinen tödlich überfahrenen Lieblingshund begraben kann. Ich habe es ihm versprochen!“

Dem alten Mann schien nichts Menschliches fremd zu sein. „Kommen Sie“, sagte er zu Pitt. Und er ging zu einer kleinen, halb verfallenen Hütte. „Hier neben der alten Fährhütte ist der schönste Platz, hier würde sogar ich mich begraben lassen, wenn es nicht so nass wäre.“

„Für Sie hat der Fluss wohl keine Geheimnisse!?“

„Fast keine, aber ein großes Rätsel habe ich noch nicht gelöst: Ich finde hier ab und zu Bernstein. Und das ist geologisch eigentlich unmöglich. Fünf Teile habe ich schon, und wenn es zehn sind, mache ich meiner Frau daraus eine Kette.“

„Bernstein“, schluckte Pitt. Die Mulis, Arminius, Varus. Er hatte tatsächlich den richtigen Ort gefunden.

Pitt hob eine große Grube aus. Der alte Mann half ihm ein wenig. Als dieser weitergegangen war, holte Pitt die Jutesäcke, legte die Skelette nebeneinander mit Neele in der Mitte und bedeckte sie mit Erde.

Nachdem der Boden sorgfältig eingeebnet war, tönte Neele von unten: „Danke, Pitt! Schade, dass du so jung bist“, und dann: „Auf eine wunderschöne Ewigkeit!“

„Mit dir ganz sicher!“, antworteten zwei Männerstimmen.

„Sehr sprachbegabt, Ihr Hund“, sagte der alte Mann, der hinter der Hütte gewartet hatte, und ging wieder zu seiner Fähre.

Pitt ist ausgebrannt

Pitt saß wieder in seinem Auto und fühlte sich völlig ausgebrannt. Er hatte seine Freunde Titus und Gerd begraben. Er hätte einfach das Interview noch länger hinauszögern müssen. Und die Neele hatte er viel zu kurz gesehen. Er wusste nur noch, wie unendlich schön sie war. Aber so sehr er sich auch bemühte, er sah ihr Bild nicht mehr vor sich.

Das Einzige, was jetzt noch helfen konnte, war ein kühler trockener Riesling und mindestens ein auf der Zunge zergehender Marillenbrand. Auf dem zentralen Parkplatz sah er sich um und ging dann eine lange Fachwerkstraße hinunter, passierte rechts ein Haus mit einem Storchennest, auf dem die Störche heftig klapperten. Er hatte noch nie ein Storchennest bewusst angeschaut.

Am Ende der Straße war ein schmaler Durchlass, und Pitt stand schon wieder direkt am Weserabhang. Unten wälzte sich der Fluss vorbei. Rechts befand sich ein Café mit Blick auf den Fluss. Hier wollte er trinken, um wieder in die normale Welt zurückzufinden.

Er bestellte bei einem Kellner einen kühlen knochentrockenen Riesling und einen Marillenschnaps. Ein unsympathischer Typ, so musste Varus gewesen sein. Der Kellner kam und brachte die Getränke. An seinem Namensschild erkannte Pitt, dass es der Geschäftsführer war.

„Kein Glas, eine Flasche möchte ich!“

„Sehr wohl, eine Flasche Riesling.“

„Nein, beides!“

„Wie – eine Flasche Riesling und eine Flasche Marille?“

„Ja – so habe ich es bestellt. Und reservieren Sie im Hotel nebenan bitte ein Zimmer für drei Nächte.“ Pitt wusste, wenn er mal richtig zugeschlagen hatte, dauerte es drei Tage, bis es ihm wieder gut ging.

Der Geschäftsführer ging zu seiner Mitarbeiterin und bat: „Bediene du den mal weiter, sonst gibt es hier noch eine Schlägerei.“

Pitt starrte auf die Weser und dachte an seine Freunde.

„Hier bitte: eine Flasche kühlen trockenen Riesling und eine Literflasche Marille. Ich denke, das ist richtig so. Haben Sie Ihren Kummer schon gehabt, oder saufen Sie prophylaktisch?“

Pitt blieb das Herz stehen. „Neele“, stammelte er, „Neele!“

„Nein“, sagte die junge Frau, „ich heiße nicht Neele. Aber wenn Sie den Mund wieder geschlossen haben und das Augenflackern nachlässt, komme ich noch einmal zu Ihnen. Aber erst, nachdem Sie einige Gläschen getrunken haben. Nüchtern scheinen Sie ja ein ziemliches Arschloch zu sein.“

Bei jeder anderen wäre Pitt jetzt gegangen. Aber er fand das einfach nur niedlich und fing an zu lachen und lachte und lachte – bis er anfing zu trinken.

„So, da bin ich wieder.“

Pitt war insofern fit, als er schon einige Gläschen getrunken hatte. Aber nur einige – für ihn so gut wie nichts.

„Dann sagen Sie mir doch bitte, wie Sie heißen. Ich bin der Pitt."

Sie hatte recht gehabt: Nach einigen Gläschen konnte der Pitt richtig nett sein.

Thusnelda

Die fremde, Pitt so bekannt vorkommende Frau begann zu erzählen. Er hörte nur halb zu, denn er konnte einfach seinen Blick nicht von ihr abwenden.

„Und mich nennt man Kröte – eigentlich kein schöner Name. Der richtige ist aber noch furchtbarer: Ich bin von meinen Eltern auf den Namen Thusnelda getauft worden."

„Thusnelda?" Pitt fiel das Weinglas aus der Hand.

„Lassen Sie mal, ich mach das schon." Kröte ging, holte einen Lappen und ein neues Glas. Mit dem Lappen wischte sie den Tisch ab und auch Pitts Hose – und auch die empfindliche Stelle. Pitt hielt den Atem an. „Na", tat Kröte entrüstet, „die Feuchtigkeit kommt doch hoffentlich nur vom verschütteten Wein!"

„Es mischt sich gerade", stöhnte Pitt.

Nach zwei doppelten Obstlern hatte er sich wieder gefangen. „Nun erzählen Sie mal: Wie kommt man denn zu einem solchen Namen und zu solch einem Spitznamen?"

„Ich habe die Geschichte noch niemandem erzählt. Aber bei Ihnen habe ich das Gefühl, sie unbedingt loswerden zu wollen. Es dauert nur etwas."

„Gern, ich habe Getränke und Zeit."

Sechs junge Paare drängten in das Café. „So ein Mist", dachte Pitt, „jetzt höre ich die Geschichte nie!"

Kröte fragte die Gruppe mit strengen Blick: „Guten Abend, die Herrschaften, haben Sie reserviert?“

„Nein, aber ...“

„Tut mir leid, wir sind heute komplett belegt.“

Der Geschäftsführer wollte gerade korrigieren, aber Kröte sah ihn nur an, und er verschwand geduckt hinter seinem Tresen. Er wurde grün vor Neid. Er arbeitet schon sechs Monate mit Kröte zusammen, sie war immer nett gewesen, aber nie persönlich. Und auch die Hose hatte sie ihm nicht abgewischt. Er schob es auf die Marille und den Riesling und fing an zu trinken. Kröte hing das Schild „Geschlossene Gesellschaft“ an die Tür und setzte sich wieder zu Pitt.

Pitt war sehr gespannt, mehr zu hören. Die Frau gefiel ihm immer besser. Sie tat ihm den Gefallen und fuhr fort.

„Meine Eltern wollte schon lange ein Kind haben, aber es klappte nicht. Sie unternahmen eine Radtour die Weser hinauf und setzten mit einer Fähre auf die rechte Seite des Flusses über. Auf der Fähre hörten beide unabhängig voneinander eine Frauenstimme, die ihnen zuflüsterte: ‚Heute klappt es, beeilt euch!‘ Es wird ein Mädchen, und ihr müsst es Thusnelda nennen. Sonst wirkt es nicht. Ihr müsst euch beeilen.“

Meine Eltern hetzten mit den Rädern das Ufer hinauf, bogen in einen Feldweg und liebten sich auf einer Wiese im dürftigen Sichtschutz einer Hecke.

Zwei Jungen im Alter von etwa zwölf Jahren hatten die Szene beobachtet. „Hast du gesehen, wie geil die sind?“, fragte der größere.

Der kleinere antwortete: „Ja, die wollen bestimmt ficken. Das schauen wir uns an.“

Beide verfolgten meine Eltern und beobachteten sie aus der Hecke heraus.

„Mann, muss das schön sein!“, sagte der größere. „Hoffentlich ist es bei uns auch bald so weit!“

Meine Eltern hatten die beiden gesehen, aber sie wollten und konnten jetzt nicht voneinander lassen. Einer der Jungen hieß Arnulf. Darum habe ich von meinen Eltern die Auflage bekommen, sollte ich einmal einen Jungen haben, ihn Arnulf zu nennen.

„Und hast du denn schon einen Vater für die Kinder im Auge?“

„Ja, aber erst seit kurzer Zeit.“

„Thusnelda ist nun klar, aber warum Kröte?“, fragte Pitt.

„Als ich denken konnte und ob meines Namens häufiger gehänselt wurde, machte ich meinen Eltern Vorwürfe. Aber sie lachten nur und meinten: ‚Diese Namens - Kröte musstest du schlucken, sonst gäbe es dich nicht.‘“

Kröte und Pitt sahen sich an. Sehr lange. Sie seufzten und umarmten sich. Dann sagte Kröte: „Ich glaube“ – Pause – „ich glaube, wir sollten jetzt gehen.“

Der Geschäftsführer rutschte von seinem Hocker. „Wir“ hatte sie gesagt! Und er hätte sechs Monate lang ihr das ganze Lokal geschenkt für den Satz „Wir gehen jetzt“. Es war klar, er hatte eindeutig zu wenig Riesling und Marille getrunken. Oder das Mischungsverhältnis stimmte bei ihm nicht.

Sie holten Pitts Sachen aus dem Auto und waren wenig später in einem etwas heruntergekommenen Hotelzimmer. Sie umarmten und küssten sich, aber nicht nur Pitt merkte, dass es vielleicht doch zu viel Alkohol gewesen war.

Kröte lachte ihn schelmisch an. „Na, ist doch gut, dass ich vorgesorgt habe! Hier sind einige Räucherkräuter von meiner Großmutter. Die werden uns in den siebten Himmel bringen. Aber sie verbrauchen bei den Männern viel Lebensglück. Sei also anschließend sehr vorsichtig!“

Wenn Pitt die Wirkung des Räucherkrauts vorher gekannt hätte, es hätte ihn nicht zurückgehalten. Er erlebte Wonneschauer, die seinen Körper über Stunden bis zur völligen Erschöpfung trieben. Gegen Morgen schlief er ein.

Kröte flüsterte ihm ins Ohr: „Ich werde ihn Arnulf nennen. Morgen Abend sehen wir uns wieder.“

Das Wiedersehen war ein anderes, als beide sich gedacht hatten. Nachmittags wachte Pitt auf. Er wollte zu seinem Wagen, um seine Aspirin-Tabletten zu holen. Ein betrunkener Autofahrer übersah ihn. Noch im Flug dachte Pitt: „Das wird eng.“

Im Polizeibericht stand dann auch: „Verstarb noch an der Unfallstelle.“ Die Kräuter und der überstandene Sturz in die Baugrube hatten wohl doch zu viel Glück verbraucht.

Pitts Grab

Kröte handelte sofort. Sie ging in das Hotel, ließ sich den Schlüssel geben und brachte Pitts Diktiergerät in Sicherheit. Das Interview, von dem er ihr erzählt hatte, durfte nicht in fremde Hände fallen.

Sie überspielte den Text auf ihren Laptop und las dann die Geschichte in der Nacht in einem Zug durch und wusste, was sie tun hatte. Sie bestach mit ihrem Charme zwei Angestellte des Bestattungsunternehmens, in das Pitts Leiche gebracht worden war. Gemeinsam ersetzten sie Pitts Leiche im Sarg durch eine von ihr beim Metzger erworbene Schweinhälfte. Pitt wurde in einen großen Jutesack verstaut. Sie fuhren etwa sieben Kilometer südlich an die Weser und gingen einige Meter über eine Weide bis zu einer halb verfallenen Hütte.

„Hi, das ging aber schnell, Kumpel!", hörte man Gerds Stimme.

„Willkommen in der Ewigkeit!", sagte eine Frauenstimme. „Aber wenn man mit so einer Frau so eine Nacht verbracht hat wie du gestern, dann lohnt sich das Weiterleben auch nicht."

„Ich freu mich auf euch", antwortete die Leiche Pitt aus dem Jutesack.

Die Angestellten des Bestattungsunternehmens wurden blass und rannten, so schnell sie konnten, davon, die ganzen sieben Kilometer, denn sie vergaßen voller Panik ihr Auto. Solche Geschichten erzählte man sich in ihren Kreisen ja häufiger, aber wenn man es selbst erlebte ...

Ein Greis kam langsam die Böschung hoch. „Hallo, alter Mann“, sagte Jute-Pitt, „können Sie der jungen Dame mal beim Buddeln helfen?“

„Aber gern“, antwortete dieser. „Übrigens, ich habe schon wieder zwei Bernsteine gefunden.“

Der alte Mann hatte sich wohl umgezogen. Er trug einen weißen Mantel und schlug Pitt ständig auf die Wange. Warum schmerzte das? Er war doch tot.

„Na, da sind wir ja endlich“, sagte der Chefarzt. „Sie wollten ja gar nicht wiederkommen! War es so schön da drüben?“

„Sehr schön“, dachte Pitt.

„Also da haben wir mal richtig Glück gehabt. Außer ein paar Prellungen und einer leichten Gehirnerschütterung ist alles okay. Wir haben Sie nur kurzzeitig in ein künstliches Koma versetzt, weil es zunächst sehr gefährlich aussah. Aber jetzt ist alles in Ordnung.“

Der Bruder wartet

Pitt musste sich erst mal im Hier und Jetzt zurechtfinden. Die Sprechblasen des Arztes brachte ihn nicht wirklich weiter.

„Draußen wartet schon Ihr Bruder. Der kann jetzt kommen."

„Aber ich habe doch gar keinen Bruder", wehrte Pitt ab, da kam schon der Chefredakteur Wartz herein.

„Hallo, Pitt, alter Junge! Wie ich höre, ist alles okay. Das freut mich. Übrigens, ich habe hier mal ein iPad mitgebracht." Wartz zog es unter seinem Mantel hervor. „Sie wissen ja: Korruption, Korruption, Korruption. Bankvorstände, Baulöwen, städtische Abteilungsleiter, sogar die Wirtschaftsprüfer: Alle haben mitgemacht. Bitte eine heftige Glosse. Das ist doch Ihr Ding."

„Nehmen Sie doch meinen Artikel von vor drei Jahren und ändern Sie nur das Datum", wollte Pitt sagen, aber dann stand er schwankend auf, zog seine dreckverschmierten Klamotten an und machte sich auf den Weg in die Redaktion. Bei der nächsten Buchhandlung blieb er erstarrt stehen: Die ganze Auslage war voll mit einem Buch! Titel: „Die Varusschlacht in Augenzeugenberichten", Autorin: Thusnelda „Kröte" Müller.

Es war klar, sie hatten geheiratet. Wahrscheinlich hatte er das nur vergessen, weil er die Mischung aus Räucherkräutern und Marille nicht vertrug. Er musste sofort an die Weser, zur Kröte, sofort zum Bahnhof. Aber man hielt ihn fest. Schon wieder dieser weiße Mann!

„Hallo, Haaalllooo! Na endlich, wir waren ja schon wieder weggetreten!“

„Aber Ihr Bruder hat mir die richtige Medizin mitgebracht. Hier, eine Flasche Marille. Aber nicht auf einmal austrinken!“

Pitt nahm einen tiefen Schluck und noch einen und noch einen, und jetzt ging es ihm schon besser.

„Was mache ich jetzt mit dem iPad Ihres Bruders?“

„Werfen Sie es ins Klo.“

„Aber so was gehört doch nicht ins Klo.“

„Na, dann scheißen Sie drauf und schmeißen es dann ins Klo.“

Der Arzt war verärgert und warf das Gerät in hohen Bogen in Pitts Richtung. Der hatte die Augen schon wieder zu, das Gerät traf ihn unglücklich an der Schläfe, und er ver...

„Nein, nein!“, riefen entsetzt seine beiden Zuhörer im *Da Varus*.

„Du kannst doch nicht schon wieder sterben! Uunmöcklisch“, sagte Gerard.

„Na gut“, gibt Pitt nach. „Den Schluss schreibe ich um.

„Also das iPad landete auf dem Boden und zerschellte. Pitt zog sich an und verließ verärgert das Krankenhaus. Seine Schritte lenkten ihn in das völlig überfüllte Kölner Nobelrestaurant *Da Varus*, wo ihn der Geschäftsführer Toto und der Restaurantleiter Monsieur Gerard herzlich empfingen. Sie geleiteten ihn zu seinem natürlich freigehaltenen Stammplatz. Die nächsten dreißig Tage sei er wegen seiner Verdienste um das *Da Varus* Gast des Hauses, lud Toto ihn ein."

Stille.

„Na ja, na ja", meint Toto, „das mit dem Gast des Hauses erscheint mir denn doch übertrieben. Wie wär's, wenn ich dir 50 Prozent deiner Rechnungen der letzten drei Tage erließe?"

„Aber da war ich doch im Krankenhaus."

„Ja, schon, aber wir beide haben jeden Abend auf dein Wohl getrunken – und natürlich auf deinen Deckel!"

„Und das soll ich bezahlen?"

„Er bekreiftö ultra snelle", sagte Gerard und grinste.